Ralf-Rainer Rygulla

Marco Sagurna

Herausgeber

Der Osten leuchtet

Gestaltung: Urs van der Leyn, Basel
Satz: Dagmar Mangold, Bad Soden im Taunus
Korrektur: Stefan Schöttler, Mainz
Coverstaltung: unter Verwendung einer Graphik von
© Andree Sandkötter, Hannover

Der Verlag dankt den instutitionellen Förderern dieses Bandes:

Republika Hrvatska Ministarstvo kulture i medija
Republic of Croatia Ministry of Culture and Media

The Romanian Cultural Institute
The National Book Centre Department
und
Ministarstvo kulture i medija Republike Hrvatske

ISBN 978 3 86638 306 7

Ralf-Rainer Rygulla
Marco Sagurna
Herausgeber

Der Osten leuchtet

Poetische Töne aus Europa

axel dielmann – verlag

Kommanditgesellschaft in Frankfurt am Main

DER OSTEN LEUCHTET

die zukunft steigt
aus einem ukrainischen keller
und blinzelt gegen das licht

Dmitri Strozew

MARCO SAGURNA: Vor einem halben Jahrhundert blies der poetische Wind aus dem Westen nie dagewesene Töne und Inhalte nach Europa. Die *Neue amerikanische Szene* brach Verkrustungen auf und verhalf mindestens einer ganzen Generation von Autor*innen zu neuem ungehörtem, bisweilen unerhörtem Deutsch. Anderes wagen. Mehr wagen. Aus Wind wurde Sturm. Ein Aufruhr der Sinnlichkeit, der Kraftvolles hervorbrachte: Poesie, die geschrieben wurde, weil es notwendig war, sie zu schreiben – und weil es notwendig war, sie so zu schreiben. Teils zusammen, teils allein gaben Du und Rolf Dieter Brinkmann binnen zwei Jahren die Anthologien *Fuck You*, *Silverscreen* und *ACID* heraus. Eine Revolution?

RALF-RAINER RYGULLA: Parallel zum politischen Aufbruch in diesen Jahren. Im Nachhinein bleibt die Erinnerung, dass die deutsche – damals westdeutsche – Literatur auf diese Impulse gewartet hatte; das erklärt den Erfolg und die unmittelbare Wirkung dieser Anthologien.

MARCO SAGURNA: Inzwischen flattern hier wieder die lauen Lüfte. Deutschlyrische DIN-Norm. Verklemmt und enthaltsam entschwebt sie über dem Parkett. Selbstverliebt. Kunstvoll und sprachgewandt. Ausformuliert. Bewundernswert wie satt und belanglos. Oder es stampft Rhythmus über die Bühne. Hartreimprojekte. Durchgetanzt und mitgefilmt. Ja, OK, inzwischen hustet Corona aus mancher jungen Zeile, das Wort zeigt sich überrollt von überraschend herein gebrochener Lebenslast, von Leid mitunter; es wehrt sich, jammert, windet oder verschwört sich gar. Ein poetisches Zucken. Immerhin.

RALF-RAINER RYGULLA: Die vielen neuen Ausdrucksformen, die in den letzten Jahrzehnten ein sprach- und musikinteressiertes Publikum gefunden haben, sind ein großartiges und spannendes pop-literarisches Phänomen.
Die Performance-Formate Social Beat, Poetry Slam, Spoken Word bis zu Hiphop und Rap-Musik haben ein riesiges Publikum. Der jugendliche Popmusikfan

setzt sich heute mit enormen Textmengen auseinander, mit Sprache selbst, ihrem Rhythmus, ihrer Reimfähigkeit und ihrer Botschaft. Bezeichnenderweise gibt es kaum Berührungspunkte zwischen diesem Phänomen der Popularlyrik und der deutschen Hochpoesie, wie sie hier seit einigen Jahren eine ungeahnte artistische Fertigkeit und Finesse erlangt hat.

MARCO SAGURNA: Überspitzt: Wer keine milden Gedichte oder Partylyrik will, muss ostwärts schauen. Hier finden sich Texte, die als Texte bestehen. Weil es ihnen nicht reicht, sich schon an ihrer Konstruktion zu berauschen. Weil sie Ergreifendes beschreiben. Weil sie da sind. Unmittelbar da. Ausdruck entfaltet sich, der inhaltlich wie künstlerisch kulminiert. Es ist etwas anderes, ob ich mir – sprachlich vortrefflich geschult und literarisch vorzüglich bewandert – ein Thema suche und es lyrisch bespiele oder Erlebtem, Erlittenem in freien oder gebundenen Versen nachspüre.

Poesie, die singt, kann schön sein; wenn sie nach Luft schnappt, kann sie mehr. Es entstehen Texte, die gebraucht werden; keine NiceToHaves.

Hineingefühlt übersetzt, ins Deutsche nachgedichtet, kommen sie oft in winzigen Auflagen. Kleine feine Verlage nehmen sich ihrer mit besonderer Zuwendung an, in Wien die *Edition Korrespondenzen* etwa (in zahlreichen Ausgaben mit den Originaltexten), in Berlin der *KLAK Verlag* oder in Heidelberg *Das Wunderhorn*, Hansers *Edition Lyrikkabinett*, der *Literaturverlag Droschl*, gelegentlich *Suhrkamp*, und dass die Gedichte des großen Wjatscheslaw Kuprijanow sowie anderer Poet*innen immer wieder auch bei *Pop* gedruckt zu finden sind, das ist beinahe ein Wunder.

Die Wertschätzung osteuropäischer Dichtung in Deutschland ist ausbaufähig. Viele hiesige Lyriker*innen übersetzen und nachdichten ihn so vortrefflich, „diesen Osten", wie sie selbst virtuose Dichter*innen sind; etwa Kurt Drawert, Jan Faktor, Sylvia Geist, Norbert Hummelt, Uwe Kolbe, Brigitte Oleschinski, Monika Rinck, Sabine Schiffner, Hans Thill, Ernest Wichner, Ron Winkler oder Uljana Wolf.

RALF-RAINER RYGULLA: Was mich an den gefundenen Texten so erstaunt hat, ist das selbstverständliche Dasein von Gegenwart, von Leben, Tod und Liebe, der vitale und sprachempfindsame Umgang mit dem, was ist. Das hat mich sehr überrascht, weil ich als gewohnheitsmäßiger Lyrikleser seit Jahren die großartigen Sprachkonstrukte der deutschen Lyrik heute, die vortreffliche Ausdrucksakrobatik unserer Dichter vom Fach bewundere und mit Genuss konsumiere. Hier wird Sprache zu einem Kunststoff, der Poesie und Theorie problemlos gleichzeitig bewältigt, jedoch seltsam unberührt bleibt von realen Umständen, von Geschichte, Politik, von Leid und Freud, von Erleben. Sehnsucht, Leidenschaft, Betroffenheit findest du nicht in der deutschen Gegenwartslyrik. Das Wortkunstwerk genügt sich selbst, und wahrhaftig es funkelt und glänzt in Schönheit (– mit der Hoffnung auf einen hohen Interpretationsbedarf?).

Hinzu kommt ein System aus Netzwerken, das zu einer gegenseitigen Gönnerschaft führt, die wiederum geschützte Räume aus Stipendien, Förderungen und Preisen etabliert. Den Autor*innen der Berliner Dichterblase brennt nichts unter den Fingernägeln, sie erfahren keine Behelligungen, keine Zensur, keine Unterdrückung und kaum Not. Ein begrüßenswerter Zustand, der eine Avantgarde begünstigt und dem Höhenflug der deutschen Lyrik, wie wir ihn heute genießen können, Auftrieb gibt.

Mir liegt fern, die Szenen, die wir in unserer Sammlung in den Fokus nehmen, gegen hiesige Dichter und Dichterinnen auszuspielen. Festgestellt haben wir jedoch, dass charakteristisch für die vorgestellten Autor*innen der Kontakt mit den Themen, den gesellschaftlichen Umständen, mit dem herrschenden Diskurs ihrer Länder und ihrer Zeit ist.

Und ja, einige Texte unterlaufen den Anspruch eines sprachlichen Kunstwerks, Erlebnislyrik versus Abstraktion, Realismus versus Avantgarde.

Das bei uns verpönte narrative Element ist hier ein selbstverständlicher Bestandteil des poetischen Vorgehens. Die Abstraktion ist ein zeit- und raumsparendes Mittel der Sprachverdichtung, aber hier wird sie im Zaum gehalten durch das behandelte Material, durch die Topoi des Alltags, durch die Umstände einer Existenz. Mutter, Vater, Gott und Krieg, Lust, Humor und Seele.

MARCO SAGURNA: Seele, dieses Wort, dessen Inhalt so uneindeutig tief gründet und das in hiesigem Gedichte nicht vorkommt, der Osten hat sie: die Seele. Länderübergreifend. Lebensnotwendig. Fast niemand der hier versammelten

Autor*innen spart sie aus, ob wörtlich genannt, etwa von Amanda Aizpuriete, Boris Bartfeld, Georgi Gospodinov, Claudiu Komartin, Zsuzsa Rakovszky – oder unausgesprochen. In dieser Dichtung spiegelt sich neue europäische Geschichte authentisch als poetisches Narrativ. Inneres wie äußeres Desaster, wie bei Maia Sarishvili oder Gleb Schulpjakow. Inneres wie äußerliches Wiederbeleben, wie bei Ruxandra Niculescu oder Eugeniusz Tkaczyszyn-Dycki. Lieder wie bei Jegor Letow. Sehnsucht und Eros, wie bei Petr Borkovec, Jelena Fanajlowa und Tomaž Šalamun. Heimat, nicht als vorgegeben zu bespielendes Thema, sondern als vielwertige Essenz, wie bei Boris Bartfeld, Artur Becker und Mariusz Grzebalski. Virtuoses Spiel mit der Wildcard oder kritische Haltung, wie bei Olessja Bessmeltseva, Anja Golob, Ewa Lipska, Milena Marković oder Dmitri *Wodennikow*. Was den Tag füllt, darüber berichten Ewa Lipska, Zvonko Maković, Marko Pogačar, Sergej Tenjatnikow oder István Vörös.

RALF-RAINER RYGULLA: Ich würde es gern deutlich aussprechen: Wir haben uns auf einen Filter verständigt, der im Zuge des monatelangen Lesemarathons immer deutlicher sortierte nach diesem existenziellen Ton, nach einer anderen spannenden länderabhängigen Wirklichkeit und der die gewonnene Vorliebe für diesen Ton immer weiter befeuerte. Und wir haben uns auf die Akustik der Texte eingelassen, die im besten Fall auf die Ursprungssprache und ihre Eigenart verweist. Es ging nicht so sehr um das Neue, Unerwartete, um das Aufspüren einer Avantgarde – vielmehr um die großartige Vielfalt des poetischen Ausdrucks und um die Möglichkeiten von Dichtung jenseits von Trend und Mode. Weder das Alter der ausgewählten Autor*innen noch ihr literarischer Status in den jeweiligen Ländern spielte eine Rolle, auch vor toten Dichtern machte unsere geweckte Sammelleidenschaft keinen Halt. Die wunderbaren, schlitzohrig-verspielten Gedichte von Ivan Blatný (1918-1990) haben wir zum Beispiel aufgenommen und auch die großartigen Texte des 2018 verstorbenen Türken Izzet Yasar, in denen der menschliche Körper eine sichtbare und immer wieder aufs Neue überraschende poetische Präsenz hat.

MARCO SAGURNA: Eine poetische Präsenz, die es nicht nötig hat, dass man sie auf einen Schild hebt. Gedicht spricht deutlich. Nichts will sich einrichten im komplizenhaften Entre nous einer distinguierten Lyrik-Elite, die ihr Erhabensein nur dürftig kaschiert. Die Kraft der Poesie ist unmittelbar. Und groß. Sie muss um keine Dichtungshoheit buhlen.

RALF-RAINER RYGULLA: Bis kurz vor Fertigstellung hatten wir die vorliegende Anthologie nach Ländern sortiert – bis es nicht mehr möglich war, zu übersehen, dass sehr viele Lebensläufe der Beiträger*innen einen Mix aus Herkunftsland, Sprache, Sprachen, Exil und Aufenthaltsorten darboten. Wie von selbst stellte sich ein Schlagwort ein. Lag es in der Luft, drängte es sich auf, durch aktuelle Ereignisse?

FUCK NATIONALISM – Jetzt, liebe Leserin, lieber Leser, finden sie die Dichter und Dichterinnen in alphabetischer Reihenfolge. Sie rücken zusammen angesichts des russischen Überfalls auf die Ukraine, der zum Zeitpunkt der Drucklegung dieses Buches seit Monaten mörderisch tobt. Die letzten Texte, die uns dank dem Übersetzer Andreas Weihe erreichen, sind Reaktionen des Belarussen Dmitri Strozew auf das barbarische Geschehen.

MARCO SAGURNA: Die Gedichte der Autor*innen aus Georgien, Armenien, Belarus, Russland, Polen, Ungarn, Gedichte von Bela Chekurishvili, Arpi Woskanjan, Kornélia Deres, Dmitri Strozew und vieler mehr zeugen nicht nur von leidvoller Erfahrung, sie lesen sich jetzt als so erschreckend aktuell gewordene Mahnung und Warnung, als passten sich die Texte neuen Realitäten an, erkennbar mit der Hoffnung auf das Freiheitsversprechen des Westens.

Wir haben

174 Bücher mit in Osteuropa verwurzelter Poesie sowie 58 eingesandte Manuskripte gesichtet; wir haben telefoniert, gemailt und uns getroffen, miteinander, mit Autor*innen, Übersetzer*innen, Nachdichter*innen sowie mit den vielen dieses Buch unterstützenden Menschen in den Buchverlagen. Auf Arbeitstreffen in Hannover und Frankfurt am Main sowie in Videokonferenzen haben wir jeden einzelnen in die engere Wahl genommenen Text abgeschrieben, einander vorgelesen und nur das ausgewählt, was wir beide für unverzichtbar halten. Der sehr besonderen poetischen Töne wegen, die wir, im Osten und Südosten Europas verwurzelt, entdeckt haben. Die ausgewählten Gedichte repräsentieren

nicht die Ursprungsländer, sondern einen Umgang mit Dichtung, der im Westen so nicht praktiziert wird. Ohne diese Wurzeln in Europa Ost Südost wären diese Texte – das behaupten wir mal – nicht denkbar. Dass wir hier nur Texte vorstellen, denen wir das angelesen haben, was wir entdeckt zu haben meinen, mithin keine für ihre Länder unmittelbar repräsentative Lyrik, das soll hier noch einmal betont sein.

Kein Kanon oder gar eine Lexikothek für europäische Gegenwarts-Poesie Ost Südost ist dieses Buch. Und nicht die Einspeisung in einen Contest Ost gegen West. Wer hier blättert, um zu prüfen, was fehlt, wird schnell fündig werden – und uns auf diese und jene poetischen Texte aufmerksam machen wollen oder womöglich auf ganze literarische Welten. Aber wer hier liest und sozusagen mit uns entdeckt, wird hinreichend Anregung finden, sich noch mehr Poesie aus Europa Ost Südost zu erschließen.

DER OSTEN LEUCHTET, das fasst Autorinnen & Autoren zusammen, die dort in Europa leben oder ihre Wurzeln haben, unabhängig davon wie polyglott und kosmopolitisch sie leben oder mit welcher Staatsbürgerschaft. Aufgeführt haben wir die Autor*innen mit ihren Geburtsorten. Die Texte und Bücher von 92 Autor*innen mit Wurzeln in 21 Ländern und ihren Übersetzer*innen und Nachdichter*innen stellen wir vor und empfehlen unsere Quellen in der Leseliste wunderbarer Bücher.

Ein angelegter Vita-Apparat „Autor*innen und Übersetzer*innen“ war schon vor unserer Aktualisierung im Frühjahr 2022 auf über 50 Manuskriptseiten angeschwollen, so dass wir ihn zugunsten von mehr Poesie wieder tilgten und uns für eine auf den ersten Blick übersichtliche Version aus Inhalt, biografischen und bibliografischen Hinweisen entschlossen.

Frankfurt am Main und Hannover, Juni 2022

Ralf-Rainer Rygulla und Marco Sagurna

Wir bedanken uns

für die Unterstützung auf der Jagd nach Poesie, für Rat & Tat sowie all die ermunternde Korrespondenz auf der langen, mitunter sehr gebirgigen Strecke bis zu unser aller Buch: Michael Augustin, Roberto di Bella, Jörg Bundialek, Libuse Cerna, Axel Dielmann, Reimer Eilers, Annette Hagemann, Hülya Häseler, Dietrich zu Klampen, Katrin Krämer, Birgit Kreipe, Susanne Mamzed, Katharina Eleonore Meyer, Janika Milan, Sven j. Olsson, Joachim Otte, Susanne Uhlmann, Matthias Unger, Rainer Weiss und Hans-Peter Wiechers;

*für die entgegengebrachte Freude darüber, hier mit dabei zu sein, für die Kooperationen sowie für die unkomplizierten Abdruckgenehmigungen: bei den Autor*innen, bei den Übersetzer*innen, bei den Nachdichter*innen sowie bei den Verlagen;*

für die Illustrationen sowie den Buchumschlag bei dem in Hannover lebenden Zeichner Andree Sandkötter (mit Wurzeln im Emsland), der den Stift führte, unsere westlichen Klischees vom Osten einzufangen;

für die Förderung unserer Recherche: bei Norbert Prickartz, Frankfurt am Main.

Nschan Abasjan, **1985 in Chorunk, Region Armawir, ARMENIEN
*** Ein Gedicht **39**
*** Im Sommer **41**
*in: Armeniens Herz – Gedichte … und sonst nichts; © Größenwahn Verlag Frankfurt am Main 2017. Herausgegeben und übertragen aus dem Armenischen von Agapi Mkrtchian, *1956 im Dorf Hrazdan, Armeinien und Helmuth R. Malonek, *1950 in Sternberg.*

Amanda Aizpuriete, *1956 in Jūrmala, LETTLAND
Mit Bündeln Tierfell **42**
Dir laß ich alles **43**
Was machst du in jener **44**
Wieder beginnen Gedichte **45**
*in: Die Untiefen des Verrats – Gedichte; © Verlag ink press, Zürich 2017. Auswahl und Übertragung aus dem Lettischen von Manfred Peter Hein, *1931 in Darkehmen / Ostpreußen (heute Russland), zusammen mit der Autorin und Margita Gūtmane, *1943 in Jelgavā.*

Tomica Bajsić, *1968 in Zagreb, KROATIEN
Elftausend Meter **46**
Nachts im Naturkundemuseum **47**
*in: Konzert für das Eis – Gedichte aus Kroatien, übersetzt nach Interlinearversiopnen von Alida Bremer, herausgegeben von Hans Thill; © Verlag Das Wunderhorn, Heidelberg 2010. Hier nachgedichtet von Hans Thill, *1954 in Baden-Baden sowie Arnfrid Astel, *1933 in München, †2018 in Trier.*

Daniel Bănulescu, *1960 in Bukarest, RUMÄNIEN

Von morgen an begegnen wir uns im Baum **48**

Gibst immer noch alles auf den letzten hundert Metern **51**

*aus: Die Republik Daniel Bănulescu; © POP Verlag, Ludwigsburg 2018. Aus dem Rumänischen von Ernest Wichner, *1952 in Zăbrani / Guttenbrunn, Banat, Volksrepublik Rumänien.*

Justyna Bargielska, *1977 in Warschau, POLEN

Die Übertragung **53**

Fremde Rose **54**

*in: Stilleben mit Crash – Gedichte aus Polen; herausgegeben von Hans Thill; © Verlag Das Wunderhorn, Heidelberg 2014. Übersetzt nach Interlinearversionen von den Masterstudierenden der Universität Mainz Janina Jodynis, Agata Okońska, und Katarzyna Piasecka unter der Leitung von Tomasz Rosmyslowicz; hier nachgedichtet von Sabine Schiffner, *1965 in Bremen.*

Boris Bartfeld, * 1956 in Kaliningrad / Königsberg, RUSSLAND

1. September 1939 **55**

*© und Manuskript, aus dem Russischen: Boris Bartfeld und Franziska Zwerg, *1969, studierte in Berlin und Moskau.*

Artur Becker, *1968 in Bartoszyce / Bartenstein, POLEN

Tadeusz' Honig **59**

Endlich einsam **60**

Kopf und Beil **62**

Durch den Wald **63**

Auf meiner Brust **64**

aus: Ein Kiosk mit elf Millionen Nächten – Gedichte; Verlag STINT, Bremen 2008. © beim Autor.

Wofür ich lebe **65**

aus: Bartel und Gustabalda – Gedichte; © parasitenpresse, Köln 2019.

Olessja Bessmeltseva, *1985 in Kasanskoje, Region Tjumen, RUSSLAND
B… **66**
C… **69**
© und Manuskript: Olessja Bessmeltseva.

Ivan Blatný, *1919 in Brünn, TSCHECHIEN; †1990 in Colchester
Leopardi sah den Rauch von Ithaka **71**
Der Dämon des Wandels für den Wandel **73**
Minority **74**
Sie zünden die Lichter an **75**
Liebe **76**
Predestination **77**
*aus: Hilfsschule Bixley – Gedichte; © Edition Korrespondenzen Reto Ziegler; Wien 2018. Aus dem Tschechischen von Jan Faktor, *1951 in Prag zusammen mit Annette Simon, *1952 in Leipzig.*

Aleksej Bobrovnikov, *1979 in Kiew, UKRAINE
Eine Straße ohne Schilder **78**
Mehr als bloß ein Gesicht auf der Titelseite des National Geographic **80**
*© und Manuskript aus dem Russischen nachgedichtet: Sylvia Geist, *1963 in Berlin.*

Ivana Bodrožić Simić, *1982 in Vokovar, KROATIEN
Hotel Donau **82**
Du arbeitest an dir **83**
*in: Konzert für das Eis – Gedichte aus Kroatien, übersetzt nach Interlinearversionen von Alida Bremer, herausgegeben von Hans Thill; © Verlag Das Wunderhorn, Heidelberg 2010. Hier nachgedichtet von Kurt Drawert, *1956 in Hennigsdorf, Brandenburg.*

Petr Borkovec, *1970 in Louňovice pod Blaníkem, TSCHECHIEN
Ein Wintertag zu Hause **84**

Zwischen Wasserjungfern **85**
Szene aus einer Wasservogeljagd **86**
Ein Wintertag **87**
*aus: Liebesgedichte; © Edition Korrespondenzen, Wien 2014. Aus dem Tschechischen von Christha Rothmeier, *1948, studierte in Prag und Wien.*

Metin Cengiz, *1953, Ardahan, TÜRKEI
Aus dem Leben und der Poesie **88**
Was versteht der deutsche Journalist Herbert davon
*Manuskript aus dem Türkischen: Nevfel Cumart, *1964 in Lingenfeld. © bei Autor und Übersetzer.*

Bela Chekurishvili, *1974 in Gurjaani, GEORGIEN
Wir, die Apfelbäume **92**
Der Kreis **94**
Ziegelsteine **96**
*aus: Wir, die Apfelbäume – Gedichte; © beim Autor. Nach Interlinearübersetzungen aus dem Georgischen von Tengiz Khachapuridze nachgedichtet von Norbert Hummelt., *1962 in Neuss am Rhein.*
Fenster zum Licht **98**
aus: Barfuß – Gedichte; © Verlag Das Wunderhorn, Heidelberg 2018. nach Interlinearübersetzungen aus dem Georgischen von Lika Kevlishvili nachgedichtet von Norbert Hummelt.
Es hat gar keinen Krieg gegeben **99**
Sozialer Rang **101**
Wenn Frauen singen **102**
aus: Das Kettenkarussell – Gedichte; © Verlag Das Wunderhorn, Heidelberg 2021. Nach Interlinearübersetzungen aus dem Georgischen von Lika Kevlishvili und Nana Tchigladze nachgedichtet von Norbert Hummelt.

Denisa Comănescu, *1954 in Buzău, RUMÄNIEN

Bei den Laistrygonen **104**

*aus: Rückkehr aus dem Exil / Întoarcerea din exil. Gedichte. Deutsch / Rumänisch, Nachwort von Peter Gehrisch; © POP Verlag; Ludwigsburg 2018. Aus dem Rumänischen von Jan Cornelius, *1950 im Banat, Rumänien.*

Danila Dawydow, *1977 in Moskau, RUSSLAND

Eine Bulle im Majorsrang **105**

*in: Sie ging durch Russland – Russische Poesie der Generation 1960-1980; 1994; © Leipziger Literaturverlag 2019. Herausgegeben und übertragen aus dem Russischen von Robert Hodel, *1959 in Buttisholz, Luzern.*

Jacek Dehnel, *1980 in Gdańsk / Danzig, POLEN

Urartu

*in: Stilleben mit Crash – Gedichte aus Polen; herausgegeben von Hans Thill; © Verlag Das Wunderhorn, Heidelberg 2014. Übersetzt nach Interlinearversionen von den Masterstudierenden der Universität Mainz Janina Jodynis, Agata Okońska, und Katarzyna Piasecka unter der Leitung von Tomasz Rosmyslowicz; hier nachgedichtet von Sabine Schiffner, *1965 in Bremen.* **106**

Kornélia Deres, *1978 in Miskolc, UNGARN

Bunker

*in: Dies wird die Hypnose des Jahrhunderts – Ungarische Lyrik der Gegenwart; KLAK Verlag, Berlin 2019; herausgegeben und (hier) übertragen aus dem Ungarischen von Orsolya Kalász, *1964 in Dunaújváros sowie Peter Holland, *1982 in Tübingen.* **107**

Rodica Draghincescu, *1962 in Buzias, RUMÄNIEN

Armee greift an **109**

Erzieherische Brutalitäten **110**

Die Fliegen **111**

Die Godot **113**
Die Frau Dichterin **114**
*aus: Du bist ich. Töte mich. Gedichtzyklus; KLAK Verlag, Berlin 2018. Aus dem Französischen von Sabine Schiffner, *1965 in Bremen sowie Christina Gumz, *1981 in Stralsund.*

Jan Faktor, *1951 in Prag, TSCHECHIEN
Georgs Versuch an einem Gedicht **115**
ich habe alte Männer gern **116**
*aus: Georgs Versuche an einem Gedicht und andere positive Texte aus dem Dichtergarten des Grauens; Aufbau Verlag Berlin und Weimar 1989. Aus dem Tschechischen vom Autor zusammen mit Annette Simon, *1952 in Leipzig. © beim Autor sowie der Übersetzerin.*

Jelena Fanajlowa, *1962 in Woronesch, RUSSLAND
Er schaut sie an und denkt: **117**
Wahlen in Donezk 2014 **118**
*in : Sie ging durch Russland... Russische Poesie der Generation 1960 – 1980; © Leipziger Literaturverlag 2019. Herausgegeben und übertragen aus dem Russischen von Robert Hodel, *1959 in Buttisholz, Luzern.*

Richárd Fekete, *1986 in Pécs, UNGARN
*** Nach den Lianen greifen ... **119**
*in: Dies wird die Hypnose des Jahrhunderts – Ungarische Lyrik der Gegenwart; KLAK Verlag, Berlin 2019; herausgegeben und (hier) übertragen aus dem Ungarischen von Orsolya Kalász, *1964 in Dunaújváros sowie Peter Holland, *1982 in Tübingen.*

Sylva Fischerová, *1963 in Prag, TSCHECHIEN
Gefühle, Semmeln eingeweicht in Milch **121**
Familiengeschichten sind voller Löcher **123**

*aus: Die Weltuhr – Gedichte; KLAK Verlag Berlin 2019. Aus dem Tschechischen von Daniela Pusch, *1978 in Karlovy Vary.*

Ioan Flora,*1950 in Sat Nou, Jugoslawien, RUMÄNIEN, †2005
Sechs Raben und sechsundzwanzig Wölfe **124**
In der Sophienkirche in Ochrid **125**
*aus: Die Donau – leicht ansteigend – Gedichte; © POP Verlag Ludwigsburg 2004. Aus dem Rumänischen von Horst Fassel, *1942 in Timișoara, Königreich Rumänien (heute Rumänien), †2017 in Wuppertal.*

Marianna Georgieva, *1986 in Ufa / Republik Baschkortostan, RUSSLAND
eurasien **126**
der blinde boxer **127**
gemälde eines holländischen meisters **128**
rom **129**
*aus: ausweg; © Edition Korrespondenzen, Reto Ziegler, Wien 2020; übertragen aus dem Bulgarischen von Alexander Sitzmann, *1974 in Stuttgart.*

Senem Gökel, *1982 in Nikosia, ZYPERN
Morgenkaffee **130**
*© und Manuskript aus dem Türkischen: Achim Wagner, *1967 in Coburg.*

Anja Golob, *1976 in Slovenj Gradec, SLOWENIEN
Die Nase **131**
James Bond hatte recht und nicht recht **132**
*aus: Anweisungen zum Atmen – Gedichte; © Edition Korrespondenzen, Reto Ziegler, Wien 2018. Aus dem Slowenischen von Urŝka P. Černe, *1971 in Maribor, Slowenien sowie von Uljana Wolf, *1979 in Ost-Berlin.*

Georgi Gospodinov, *1968 in Jambol, BULGARIEN
Bulgarien! Bulgarien! **134**
Girl **136**

Laùra **137**
Meine Mutter liest Lyrik **138**
Bildungsroman mit Ende **139**
*aus: Kleines morgendliches Verbrechen – Gedichte; © Literaturverlag Droschl, Graz – Wien 2010. Aus dem Bulgarischen von Valeria Jäger, *1951 in Wraca / Bulgarien; Uwe Kolbe, *1957 in Berlin Mitte und Alexander Sitzmann, *1974 in Stuttgart.*

Mariusz Grzebalski, *1969 in Lodz, POLEN
Nietzsche und wir **140**
Archäologie 1994 **141**
Schlachthof **142**
Aussicht vom Hinterhof beim Jud' **143**
*aus: Graffiti; mit einem Nachwort von Alfred Kolleritsch; © Edition Korrespondenzen, Reto Ziegler, Wien 2001. Aus dem Polnischen von Doreen Daume, *1957 in Dortmund; †2013 in Wien.*

Anna Gulczyńska, *1977 in Gdańsk / Danzig, POLEN
Rache **144**
Tumbleweed **145**
Liebchen **146**
aus Mein Liebchen ist kein Bübchen – Gedichte Poems Wiersze; herausgegeben von Ralf-Rainer Rygulla; edition Pauer, Kelkheim 2020. © bei der Autorin.

Michal Habaj, *1974 in Bratislava, SLOWAKEI
Dörflein im Tale **147**
10.000 November **148**
*in: Lob des Wildtiers im Winter – Gedichte aus der Slowakei; herausgegeben von Hans Thill; © Verlag Das Wunderhorn, Heidelberg 2015. Übersetzt nach Interlinearversionen von Slávka Rude-Porubská; hier nachgedichtet von Sylvia Geist, *1963 in Berlin sowie von Christian Steinbacher, *1960 in Ried im Innkreis.*

Gëzim Hajdari, *1957 in Lushnja, ALBANIEN
Bring mich zurück in die Heimat **150**
Dein verführerischer Tod **151**
Lebewohl, meine Heimat **152**
*aus: Mondkrank – Gedichte; © Pop Verlag, Ludwigsburg 2008. Aus dem Italienischen von Stefanie Golisch, *1961 in Detmold.*

Semjon Hanin, *1970 in Riga, LETTLAND
es wurde ziemlich lang überlegt, schließlich sich festgelegt … **153**
der Kleber hält nicht … **154**
du musst nicht glauben, dass das ein Obdachloser ist … **155**
*aus: aber nicht damit – Gedichte; russisch / deutsch; © Edition Korrespondenzen, Wien 2021. Aus dem Russischen von Anja Utler, *1973 in Schwandorf.*

Eduard Harenz, *1981 in Tatew, ARMENIEN
Düsterhelle Jahre **156**
Odyssee **157**
in: Armeniens Herz – Gedichte … und sonst nichts; © Größenwahn Verlag Frankfurt am Main 2017. Herausgegeben und übertragen aus dem Armenischen von Agapi Mkrtchian und Helmuth R. Malonek.

Artem Harutjunjan, *1945 in Stepanakert, ARMENIEN
Kampf um das Lebenselixier **158**
in: Armeniens Herz – Gedichte … und sonst nichts; © Größenwahn Verlag Frankfurt am Main 2017. Herausgegeben und übertragen aus dem Armenischen von Agapi Mkrtchian und Helmuth R. Malonek.

Mila Haugová, *1942 in Budapest, UNGARN **161**
Alarm: / alles vergessen vergiss … **162**
Alarm: / innen drin ist ein Tier … **163**
Alarm VII: ein Garten voller Erwartung …

*aus: „Zwischen zwei Leeren" – Gedichte; deutsche Erstausgabe; © Edition Korrespondenzen, Reto Ziegler, Wien 2020. Aus dem Slowakischen von der Autorin sowie von Anja Utler, * 1973 in Schwandorf.*

Milan Hrabal, *1954 in Varnsdorf, TSCHECHIEN **164**
*** sollte es einmal passieren **165**
Begrabt mich nicht zu tief **166**
Fenster ohne Fähnchen
*aus: Wenn die Fische davonfliegen – Gedichte; © POP Verlag; Ludwigsburg 2019. Aus dem Tschechischen Peter Gehrisch, *1942 in Dresden.*

Klára Hůrková, *1962 in Prag, TSCHECHIEN **167**
Ankunft
in: Das Gedicht – Band 26, Der Poetische Dreh / Wendepunkte; herausgegeben von Melanie Arzenheimer und Anton G. Leitner; Anton G. Leitner Verlag, Weßling 2018. © bei der Autorin.

Stefan Ivanov, *1968 in Sofia, BULGARIEN **168**
Frühling **169**
Ich will
*in: Bulgariens Herz – Gedichte ... eines 31-megabyte-frühlings; © Größenwahn Verlag Frankfurt am Main 2021. Herausgegeben und übertragen aus dem Bulgarischen von Rumjana Zacharieva, *1950 in Baltschik/Bulgarien.*

Nikolai Jakimtschuk, *1961 in Leningrad, RUSSLAND **170**
Ich lebte einst in den Emiraten **171**
Leicht und rätselhaft leben
*in: Sie ging durch Russland ... Russische Poesie der Generation 1960 – 1980; © Leipziger Literaturverlag 2019. Herausgegeben und übertragen aus dem Russischen von Robert Hodel, *1959 in Buttisholz, Luzern.*

Nika Jorjaneli, *1978 in Tiflis, GEORGIEN

Schwingungen der Leere **172**

Die Wirklichkeit der Nacht **173**

Das Blut **174**

*aus: Roter Schein – Gedichte; Kaukasische Bibliothek; herausgegeben von Uli Rothfuss und Traian Pop; Band 21 – Georgien; © POP Verlag, Ludwigsburg 2018. Aus dem Georgischen nachgedichtet von Sabine Schiffner, *1965 in Bremen.*

Alexander Kabanow, *1968 in Cherson, UKRAINE

Facebook-Post **176**

Nichts **177**

Klang der Epoche **178**

Das Wiegenlied für das Buch **179**

*© und Manuskript aus dem Russischen: Sergej Tenjatnikow, *1981 in Krasnojarsk, Sibirien.*

Ilya Kaminsky, *1977 in Odessa, UKRAINE

Paul Celan **180**

Tanzen in Odessa **181**

*aus: Tanzen in Odessa – Gedichte; © KLAK Verlag Berlin 2019. Aus dem Amerikanischen von Alexander Sitzmann, *1974 in Stuttgart.*

Eka Kewanischwili, *1979 in Tiflis, GEORGIEN

Einmal, als Eka Kewanishwili **182**

*© und Manuskript, aus dem Georgischen: Sabine Schiffner, *1965 in Bremen.*

Als ich liebte, dachte ich, dass ich klein bin **184**

*in: Frauenstimmen aus Georgien. Ich bin viele – Gedichte; herausgegeben von Manana Tandaschwili und Irma Shiolashvili; © POP Verlag Ludwigsburg 2018. Aus dem Georgischen von Irma Shiolashvili, * 1974 in der Munizipalität Dedopliszqaro; nachgedichtet von Sabine Schiffner.*

Claudiu Komartin, *1983 in Bukarest, RUMÄNIEN
regen, unbeseelte worte … **186**
Nur in der einsamkeit **187**
poem **188**
blues **189**
ich liebe jene stadt **190**
Cobalt **191**
Ein nachmittag auf dem Karlsplatz **193**
*aus: Und wir werden die Maschinen für uns weinen lassen – Gedichte; © Editition Korrespondenzen, Reto Ziegler, Wien 2012. Aus dem Rumänischen von Georg Aescht *1953 in Zeiden, Siebenbürgen, Rumänien.*

Andrzej Kopacki, *1959 in Warschau, POLEN
Zhaina **194**
*in: Korrespondenzen – Die ersten 10 Jahre – Zugaben; © Edition Korrespondenzen, Wien, Reto Ziegler 2011. Aus dem Polnischen von Doreen Daume, *1957 in Dortmund; †2013 in Wien.*

Dagmara Kraus, *1981 in Wrocław / Breslau, POLEN
1 **195**
6 **196**
11 **197**
12 **198**
aus: wehbuch (undichte prosage); herausgegeben von Urs Engeler; roughbook 036, Berlin und Schupfart, 2016. © bei der Autorin.
volч if me spika **199**

liedvoll, deutschzyno moja **200**
auf: www.lyrikline.org. © bei der Autorin.

Wjatscheslaw Kuprijanow, *1939 in Novosibirsk, RUSSLAND
Eine Insel **203**

Show, Show … **204**
*aus: Hard Rock – Gedichte; © Pop Verlag, Ludwigsburg 2012. Aus dem Russischen von Peter Steger, *1959 in Auerbach, Oberpfalz.*
Moderne Lyrik **206**
aus: Wilder Westen – Gedichte; © Pop Verlag, Ludwigsburg 2012. Aus dem Russischen von Peter Steger
Blutkreislauf **207**
Der Sinn zu töten **208**
*aus: Für den unbekannten Feigling – Gedichte und Prosa-Gedichte; russisch / deutsch; © Pop Verlag, Ludwigsburg 2021. Aus dem Russischen von Peter Steger, *1959 in Auerbach, Oberpfalz.*

Dmitri Kusmin, *1968 in Moskau, RUSSLAND
*** Die neueste Meinungsumfrage besagt: **209**
*** Schön bist du, mein Geliebter, **211**
*© und Manuskript aus dem Russischen: Andreas Weihe, *1951; studierte in Charkow und Moskau.*

Liāna Langa, *1960 in Rīgā, LETTLAND
6. **213**
*in: Werde zum Gespenst – Gedichte aus Lettland; herausgegeben von Hans Thill; © Verlag Das Wunderhorn, Heidelberg 2016. Übersetzt nach Interlinearversionen von Julija Boguna und Beata Paškevica, hier nachgedichtet von Matthias Göritz, *1969 in Elmshorn bei Hamburg.*

Jegor Letow, * 1964 in Omsk, †2008 in Omsk, RUSSLAND
Er biss die Zähne zusammen **215**
Er erblickte die Sonne **216**
Was bete ich an? **217**
Stillgelegte Eisenbahn **218**
*© und Manuskript aus dem Russischen: Sergej Tenjatnikow, *1981 in Krasnojarsk, Sibirien.*

Lia Likokeli, *1986 in Barisacho / Chewsuretien, GEORGIEN

Meine Mutter ist mein Kind **219**

*in: Frauenstimmen aus Georgien. Ich bin viele – Gedichte; herausgegeben von Manana Tandaschwili und Irma Shiolashvili; © POP Verlag Ludwigsburg 2018. Aus dem Georgischen von Irma Shiolashvili, *1974 in der Munizipalität Zitzelzkaro; nachgedichtet von Sabine Schiffner, *1965 in Bremen.*

Ewa Lipska, *1945 in Krakau, POLEN

Aldeburgh **221**

Unser Computer **222**

Stipendiaten der Zeit **223**

*aus: Achtung: Stufe – Gedichte; © Literaturverlag Droschl, Graz – Wien 2004. Aus dem Polnischen und mit einem Nachwort von Doreen Daume, *1957 in Dortmund; †2013 in Wien.*

Luljeta Lleshanaku, *1968 Elbasan, ALBANIEN

Gespräch mit Charles Simic **224**

Die Eisenbahnjungs **226**

aus: Die Stadt der Äpfel;@ Edition Lyrik Kabinett bei Hanser, München 2021. Aus dem Albanischen übertragen von Andrea Grill, *1975 in Bad Ischl.

Zvonko Maković, *1947 in Osijek, KROATIEN

Goldenes Zeitalter **228**

Die Tatsache **230**

Übungen **231**

*aus: lügen. warum nicht?; © Verlag Das Wunderhorn, Heidelberg 2011. Aus dem Kroatischen von Alida Bremer, *1959 in Split, Jugoslawien, heute Kroatien.*

Milena Marković, *1974 in Belgrad, Jugoslawien, SERBIEN

geschichte, saft, salami **232**

süße Tage **233**
heiter **234**
herzog **235**
die große frage **236**
pension **237**
gib mir gib mir **238**
*aus: bevor sich alles zu drehen anfängt – Gedichte; © Edition Korrespondenzen, Reto Ziegler, Wien 2017. Aus dem Serbischen von Peter Urban, *1941 in Berlin; †2013 in Weidmoos.*

Micho Mossulischwili, *1962 in Araschenda, GEORGIEN
Der Nebel in der Seele **239**
*aus: Schwäne im Schnee; © POP Verlag, Ludwigsburg 2017. Aus dem Georgischen von Irma Shiolashvili, *1974 in Zitelzkaro, und Joachim Britze, *1963 in Tegernsee / Oberbayern.*

Márió Z. Nemes, *1982 in Ajka, UNGARN
„Going underground" **240**
*in: Dies wird die Hypnose des Jahrhunderts – Ungarische Lyrik der Gegenwart; KLAK Verlag, Berlin 2019; herausgegeben von Orsolya Kalász und Peter Holland. Hier übertragen aus dem Ungarischen von Orsolya Kalász, *1964 in Dunaújváros sowie Monika Rinck, *1969 in Zweibrücken.*

Ruxandra Niculescu, * 1949 in Bukarest, RUMÄNIEN
Scifi-Szenario **243**
Weltdrehung **244**
Ausgrabung **245**
Manuskript-Zusendung 2019. © bei der Autorin.

Jovan Nikolić, *1955 in Belgrad, Jugoslawien, SERBIEN
Der Traum vom Haus **246**
Der Leib **247**

Gelübde **248**
Küsse und Türen **249**
*in: Der Gast nirgendwoher – Gesammelte Lyrik; © DRAVA Verlag Klagenfurt / Celovec 2021. Übertragen aus dem Serbischen von Cornelia Marks, *1969 in Erfurt und Bärbel Schulte, *1940, lebt in Kiel.*

Gonca Özmen, *1982, Burdur, TÜRKEI
Mein Lamm **250**
Wunde **251**
*in: In meinem Mund ein Bumerang – Gedichte aus der Türkei; herausgegeben von Hans Thill; © Verlag Das Wunderhorn, Heidelberg 2013. Übertragen aus dem Türkischen nach Interlinearversionen von Şebnem Bahadir und Dilek Dizdar; hier nachgedichtet von Sabine Küchler, *1965 in Bremen sowie Joachim Sartorius, *1946 in Fürth.*

Erik Ondrejička, geb. 1964 in Bratislava, SLOWAKEI
Das Täubchen **252**
Manuskript, aus dem Slowakischen von Sylvia Geist; © Mitteldeutscher Verlag Halle, der Lyrikband des Autors erscheint Winter 2022.

Sándor Attila Pál, *1989 in Szank, UNGARN
Kevert **254**
*in: Dies wird die Hypnose des Jahrhunderts – Ungarische Lyrik der Gegenwart; KLAK Verlag, Berlin 2019; herausgegeben von Orsolya Kalász und Peter Holland. Hier übertragen aus dem Ungarischen von Orsolya Kalász, *1964 in Dunaújváros.*

Miodrag Pavlović, *1928 in Novi Sad, SERBIEN, †2014 in Tuttlingen
* * * Etwas ist eingeritzt geblieben **255**
* * * Für Grundlagenforschung **256**
Mein Bett ist mir zu eng **257**
* * * Tauschen würde ich gern **258**

* * * Was sagen die Nonnen **259**
*aus: Die sogenannten Toten – Gedichte; Serbisch / Deutsch; © Edition Korrespondenzen, Reto Ziegler; Wien 2013. Aus dem Slowenischen von Peter Urban, *1941 in Berlin; †2013 in Weidmoos.*

Marko Pogačar, *1984 in Split, KROATIEN
H.C. Andersen Boulevard 50, klassisch **260**
Das Licht, etwas das kommt **262**
Aussage, die ich in betrunkenem Zustand am 4. April 2010 gegenüber einer Angestellten der Staatsagentur für das Buchwesen gemacht habe, ohne offiziellen Vermerk **263**
Die Kaptol-Chronik **264**
*aus: Schwarzes Land – Gedichte; © Edition Korrespondenzen Reto Ziegler, Wien 2015. Aus dem Kroatischen von Alida Bremer, *1959 in Split, Jugoslawien, heute Kroatien.*

Traian Pop Traian, *1952 in Kronstadt / Brașov, RUMÄNIEN
La civilisation et moi **266**
*aus: DIE 53. Woche – Gedichte; © POP Verlag; Ludwigsburg 2013. Hier übersetzt aus dem Rumänischen von Edith Konradt, *1955 Schäßburg, Rumänien.*
Rinderwahnsinn **267**
*aus: Absolute Macht – Gedichte / Roman(z)e(n) aus einem vertraulichen Tagebuch. Deutsch / Rumänisch; © POP Verlag; Ludwigsburg 2018. Hier übersetzt aus dem Rumänischen von Johann Lippet, *1951 in Wels, Österreich.*

Zsuzsa Rakovszky, *1950 in Sopron, UNGARN
Traurige Ehefrau **268**
Triptychon **269**
*aus: Familienroman – Gedichte; © Edition Korrespondenzen Reto Ziegler, Wien 2002. Aus dem Ungarischen von Zsuszanna Gahse, *1946 in Budapest.*

Ilma Rakusa, *1946 in Rimavská Sobota, SLOWAKEI
Die Brille **271**
Odessa, klaffende Lücken **273**
Bukarest Sfantul Georghe Nou **274**
Sonntag im März **275**
aus: Impressum: Langsames Licht – Gedichte. Mit einem Nachwort von Aleš Šteger; © Literaturverlag Droschl, Graz – Wien 2016.

Boris Ryzhy, *1974, Tscheljabinsk, †2001, Jekaterinburg, RUSSLAND
Ich werkte auf dem Schwimmbagger **277**
*in: Sie ging durch Russland – Russische Poesie der Generation 1960 – 1980; © Leipziger Literaturverlag 2019. Herausgegeben und übertragen aus dem Russischen von Robert Hodel, *1959 in Buttisholz, Luzern.*

Tomaž Šalamun, *1941 in Zagreb, †2014 in Ljubljana, SLOWENIEN
Knarze nicht! Knarze nicht! **278**
Kitsch **279**
Sprache **280**
*aus: Rudert! Rudert! – Gedichte; © Edition Korrespondenzen, Reto Ziegler, Wien 2012. Aus dem Slowenischen von Gregor Podlogar, *1974 in Ljubljana sowie von Monika Rinck, *1969 in Zweibrücken.*
1/1/73 **281**
Helft mir! **283**
Golem **284**
*aus: Vier Fragen der Melancholie – Gedichte; © Edition Korrespondenzen, Reto Ziegler, Wien 2003. Aus dem Slowenischen von Peter Urban, *1941 in Berlin; †2013 in Weidmoos.*

Horst Samson, *1954 in Weiler / Salcâmi, RUMÄNIEN
Die Physikerin. Eine Nacht **285**
Nachruf **286**

aus: Das Imaginäre und unsere Anwesenheit darin – Gedichte; © POP Verlag, Ludwigsburg 2014.

Maia Sarishvili, *1968 in Tiflis, GEORGIEN
*** Selbst wenn **287**
*aus: Aus der Ferne – Neue Georgische Lyrik I; herausgegeben von Matthias Unger, mit Linolschnitten von Hans Scheib; © Corvinus Presse, Berlin, Zweite Auflage 2018. Aus dem Georgischen von Norbert Hummelt, *1962 in Neuss am Rhein.*
Die Toten **289**
*aus: Georgiens Herz ist ... mit Poesie infiziert; © Größenwahn Verlag, Frankfurt am Main 2018. Aus dem Georgischen nachgedichtet von Sabine Schiffer, *1965 in Bremen.*

Gleb Schulpjakow, *1971, Moskau, RUSSLAND
Im Dorf **290**
Der Mantel **291**
In der Nacht zum Samstag **292**
Der Neujahrsbaum auf dem Manege-Platz **293**
*aus: Anfang der Religion bei hochroth Leipzig, 2015; aus dem Russischen übersetzt und ©: Sergej Tenjatnikow, *1981 in Krasnojarsk, Sibirien.*

Faruk Šehić, *1970 in Bihać, BOSNIEN UND HERZEGOWINA
die young and leave a good-looking corpse **297**
wie ich kurz anhielt, als ich über den Markale ging **299**
*in: Geständnis eines Despoten – Gedichte aus Bosnien-Herzegowina; übersetzt nach Interlinearversionen von Hana Stojić; herausgegeben von Hans Thill; © Verlag Das Wunderhorn, Heidelberg 2018. „die young (...)“ – hier nachgedichtet von Brigitte Oleschinski, *1955 in Köln sowie „wie ich kurz (...)“ – (hier in einer neubearbeiteten Fassung) nachgedichtet von Ron Winkler, *1973 in Jena.*

Waleri Semskich, *1947 in Wolchow, Oblast, RUSSLAND
Der Schmerz Nummer siebzehn **300**
*© und Manuskript aus dem Russischen: Sergej Tenjatnikow, *1981 in Krasnojarsk, Sibirien.*

Andrei Sen-Senkow, *1968, Duschanbe, TADSCHIKISTAN
Staatliche Diätologie **301**
*in: Sie ging durch Russland – Russische Poesie der Generation 1960 – 1980; © Leipziger Literaturverlag 2019. Herausgegeben und übertragen aus dem Russischen von Robert Hodel, *1959 in Buttisholz, Luzern.*

Irma Shiolashvili, *1974 in Zitelzkaro, GEORGIEN
Oktober **302**
*© und Manuskript, aus dem Georgischen: Irma Shiolashvili sowie Joachim Britze, *1963 in Tegernsee / Oberbayern.*
Meine afghanischen Mädchen **304**
*in: Frauenstimmen aus Georgien. Ich bin viele – Gedichte; herausgegeben von Manana Tandaschwili und Irma Shiolashvili; © POP Verlag Ludwigsburg 2018. Aus dem Georgischen von Irma Shiolashvili, nachgedichtet von Sabine Schiffner, *1965 in Bremen.*
Bäume **305**
aus: Kopfüber – Gedichte; herausgegeben von Uli Rothfuss und Traian Pop; © POP Verlag Ludwigsburg 2018. Aus dem Georgischen nachgedichtet von Sabine Schiffner.

Dmitri Strozew, *1963 in Minsk, BELARUS
* auch wenn wir uns nicht mehr begegnen **307**
* die zukunft steigt **308**
* in den supermärkten **309**
* wir haben mit ukrainern gesprochen **310**

*in taz am wochenende – literatur; 23. / 24. April 2022; © und Manuskript; aus dem Russischen: Andreas Weihe, *1951; studierte in Charkow und Moskau.*

*** wir stritten darüber **311**
Pillepalle-Lied **312**
*** der dichter **313**
Die Treppe **314**
*** alle aus der redaktion **315**
*** mein guter tag **316**
*** in zwanzig jahren **317**

*© und Manuskript; aus dem Russischen: Andreas Weihe, *1951; studierte in Charkow und Moskau.*

Sergej Tenjatnikow, *1981 in Krasnojarsk / Sibirien, RUSSLAND

Tourist **318**
Buena Vista **319**
Freie Interpretation eines Abendessens **320**
Immigrant **321**

aus: Aus deinem Auge schlüpft der Kuckuck – Gedichte Russisch / Deutsch; © Lychatz Verlag, Leipzig 2017. Aus dem Russischen vom Autor, mit einem Nachwort von Waldemar Weber.

Minendetektor **322**
Meine Deutschen **323**

aus: Plutarchs Kopf – Gedichte; © ostbooks verlag; Herford 2019.

Anna Terék, *1984 in Baka Topola, Jugoslawien, SERBIEN

Mit dem Gewehrkolben **324**
Jelena (Auszug) **327**
Funken **334**
Fensterglas **335**

*aus: Tote Frauen – Gedichte; © KLAK Verlag Berlin 2017. Aus dem Ungarischen von Orsolya Kalász, *1964 in Dunaújváros / Ungarn und Eva Zador, *1966 in Frankfurt am Main.*

Eugeniusz Tkaczyszyn-Dycki, *1962 in Wólka Krowicka, POLEN

I. Vorwort **337**

IX. Visite **338**

XVII. **339**

*aus: Geschichte polnischer Familien – Gedichte; © Edition Korrespondenzen, Wien 2011. Aus dem Polnischen von Doreen Daume, *1957 in Dortmund; †2013 in Wien.*

Lied des Hirtenbuben **340**

Lied aus Wołkowyja **341**

in: Korrespondenzen – Die ersten 10 Jahre – Zugaben; Edition Korrespondenzen, Wien 2011. Aus dem Polnischen von Doreen Daume.

Ottó Tolnai, *1940 in Magyarkanizsa / Vojvodina, SERBIEN

Luftballon **342**

Fünfgliedriges Engelsgeschlechtsteil **343**

Erst wollte er nicht spielen **344**

*aus: Göttlicher Gestank – Gedichte; © Edition Korrespondenzen, Reto Ziegler, Wien 2009. Aus dem Ungarischen von Zsuzsanna Gahse, *1946 in Budapest.*

Richard Tschkadua, *1968 in Tqwartscheli, ABCHASIEN

Der Himmel ist abgewetzt **345**

Die Verkäuferin im Lebensmittelladen erwartet dich nicht **346**

Schickt mir keine langen Briefe **347**

*© und Manuskript, übertragen aus dem Russischen: Sergej Tenjatnikow, *1981 in Krasnojarsk, Sibirien.*

Alexander Ulanow, *1963, Samara, RUSSLAND

Sie mag die Kakerlaken nicht **348**

*in: Sie ging durch Russland – Russische Poesie der Generation 1960 – 1980; © Leipziger Literaturverlag 2019. Herausgegeben und übertragen aus dem Russischen von Robert Hodel, *1959 in Buttisholz, Luzern.*

Ádám Vajna, *1994 in Budapest, UNGARN:

Das Rhinozeros des Albrecht Dürer **349**

*in: Dies wird die Hypnose des Jahrhunderts – Ungarische Lyrik der Gegenwart; KLAK Verlag, Berlin 2019; herausgegeben und (hier) übertragen aus dem Ungarischen von Orsolya Kalász, *1964 in Dunaújváros sowie Peter Holland, *1982 in Tübingen.*

Kārlis Vērdiņš, *1979 in Rīgā, LETTLAND

Come to me **350**

*in: Werde zum Gespenst – Gedichte aus Lettland; herausgegeben von Hans Thill; © Verlag Das Wunderhorn, Heidelberg 2016. Übersetzt nach Interlinearversionen von Julija Boguna und Beata Paškevica; hier nachgedichtet von Claudia Gabler, *1970 in Lörrach.*

Gelu Vlaşin, *1966 in Telciu, RUMÄNIEN

space phobia **351**

neoplasie **352**

*aus: In der Psychiatrie behandelt; mit einem Nachwort von Paul Cernat; © POP Verlag, Ludwigsburg 2012. Aus dem Rumänischen von Kerstin Ahlers, *1982 in Meppen.*

Dmitri Wodennikow, * 1968 in Moskau, RUSSLAND

Verse auf eine Hündin **355**

Verse für niemanden **358**

*© und Manuskripte aus dem Russischen: Petruscha Huber, *1968 im Bayerischen Wald, studierte in Regensburg und Odessa. Die Übersetzung von „Verse auf eine Hündin" wurde gefördert vom Hauptstadtkulturfonds im Rahmen einer Übersetzerwerkstatt.*

Das ganze 1997 **360**

Werde ich's denn wirklich **361**

in: Sie ging durch Russland – Russische Poesie der Generation 1960 – 1980; © Leipziger Literaturverlag 2019. Herausgegeben und über-

*tragen aus dem Russischen von Robert Hodel, *1959 in Buttisholz, Luzern.*

István Vörös, *1964 in Budapest, UNGARN
Die leere Grapefruit **362**
Avocado **363**
Gespräch beim Abendessen **364**
Unterricht im Lesen **365**
Klagen eines Mannes **366**
*aus: Die leere Grapefruit – Gedichte; © Edition Korrespondenzen Reto Ziegler, Wien 2002. Aus dem Ungarischen von Zsuszanna Gahse, *1946 in Budapest.*

Arpi Woskajan, *1978 in Stepanawan, ARMENIEN
Seminar über Staatsführung **367**
in: Armeniens Herz – Gedichte … und sonst nichts; © Größenwahn Verlag Frankfurt am Main 2017. Herausgegeben und übertragen aus dem Armenischen von Agapi Mkrtchian und Helmuth R. Malonek.

Izzet Yasar, *1951 in Istanbul, †2018 in Istanbul, TÜRKEI
Die Träume meiner Mutter **369**
Eppur si muove **370**
Elefantenzuchthäuser **371**
Bizarr **372**
Junge Männer **373**
Staatliche Bildung **374**
La révolution du language poétique **375**
Komm-so-wie-du-bist-Party **376**
*aus: Durch meine Verse lasse ich lange Fische gleiten; © Verlag Das Wunderhorn, Heidelberg 2016. Aus dem Türkischen von Özlem Özgül Dündar, *1983 in Solingen.*
Saure Zeit **377**

So ein Gedicht wirst du niemals schreiben 379
*in: In meinem Mund ein Bumerang – Gedichte aus der Türkei; herausgegeben von Hans Thill; © Verlag Das Wunderhorn, Heidelberg 2013. Übertragen aus dem Türkischen nach Interlinearversionen von Şebnem Bahadir und Dilek Dizdar; hier nachgedichtet von Sabine Küchler, *1965 in Bremen sowie Joachim Sartorius, *1946 in Fürth.*

Nese Yasin, *1959 in Nikosia, ZYPERN
Alashya, mein kleines Streichholzmädchen 380
Wenn ich sterbe 381
*© und Manuskripte aus dem Türkischen: Sabine Schiffner, *1965 in Bremen.*

TITEL UND ANFÄNGE der Gedichte 385

AUTORINNEN UND AUTOREN nach Geburtsländern 396

DER ZEICHNER

Andree Sandkötter, *1977 in Emsbüren, EMSLAND 12
Cover & Illustrationen 38
„Im Osten geht die Sonne auf !" – unter diesem Titel entstanden die 70
Zeichnungen, im Eindruck der hier versammelten Poesie, im Hinter- 120
kopf die im Westen wabernden Klischees vom Osten hinter dem deut- 160
schen Grenzzaun. Die einzelnen Zeichnungen sind mithin keine direkten 214
Illustrationen der jeweiligen Texte, neben denen sie platziert sind. 238
Vor seinem Studium „Art & Crossmedia Design" an der *AKI – Academy* 276
of Fine Arts & Design in Enschede / Holland, war er Offizier der *Bundes-* 296
wehr. Andree lebt mit seiner Frau Stefanie und seinen beiden Kindern 306
in Hannover Linden und wirkt seit 2021 als Head of Visualization bei 336
Michelmann Architekten GmbH in Isernhagen. 354
Online: www.sandkoetter.org 384

* * *

Ein Gedicht
über die Schneeglocke,
den Frühling,
und über meinen Vater,
der, bevor die Schneeglocke blüht,
bevor der Frühling kommt,
nachts
mit erfrorenen Fingern
eine Kerze anzündet
an jedem Grabenrand seines halbzugedeckten Gemüsegartens,
damit junge Pflanzen nicht plötzlich erfrieren ...

Ein Gedicht
über Obama,
Medwedew
und über meinen Vater,
der sich nicht mit wichtigen Weltfragen befasst,
sondern nachts
mit erfrorenen Fingern
eine Kerze anzündet
an jedem Grabenrand seines halbzugedeckten Gemüsegartens,
damit junge Pflanzen nicht plötzlich erfrieren ...

Ein Gedicht
über den Dichter,
den Leser
und über meinen Vater,
der weder Gedichte schreibt

...

noch liest,
weil er nachts
mit erfrorenen Fingern
eine Kerze anzündet
an jedem Grabenrand seines halbzugedeckten Gemüsegartens,
damit junge Pflanzen nicht plötzlich erfrieren ...

Ein Gedicht über meinen Vater,
auf seinen Schultern blüht eine Schneeglocke,
der Frühling kommt ...

aus dem Armenischen von Agapi Mkrtchian und Helmuth R. Malonek

* * *

Im Sommer werde ich daheim sein.
Meine Mutter wird Kaffee kochen.
Beide werden wir uns ans Fenster setzen.

Der Sonne Strahlen werden läuten,
Der Spatz wird munter zwitschern …
Friedlich – friedlich wird es sein …

– „Was gibt es in der Stadt“,
wird meiner Mutter Stimme die Stille streicheln.
Dann wird vom Baum eine Aprikose plumpsen,
Ich und meine Mutter
werden lange den Mittag beobachten und Kaffee trinken …

Wie früher, Mam' …

Im Sommer werde ich daheim sein.

aus dem Armenischen von Agapi Mkrtchian und Helmuth R. Malonek

Mit Bündeln Tierfell
und Händen voll Rubinen
kommt keine Lebenszahlung.
Nimm, was dir zusteht,
nimm schwarze Kopeken
und zieh weiter, Schwester.

Selbst Leidenschaft wirds nicht geben – nur Mitleid.
Wie Mull zerreiß dein weißes Leben in Binden,
raff dich auf, fremden Sehnsüchten Nahrung zu geben
wie fremden Kindern.
Deinen Wunsch zu vergehn, gib nicht zu.

aus dem Lettischen von Manfred Peter Hein
zusammen mit Amanda Aizpuriete und Margita Gūtmane

Dir laß ich alles, was einen Sinn macht:
Wecker, Bücher (die kann man verkaufen oder verheizen),
die Schatten in den Ecken – gut zur Zerstreuung zuzeiten,
und den in Kerbela gekauften Rosenkranz.
(Erinnere dich, ich erzählte dir, daß auf den Straßen Kerbelas,
Allah preisend, tagein tagaus Särge getragen werden
zur Moschee, wo das Grab des Heiligen Imam Hussein,
und die Toten dort sind vielleicht tatsächlich glücklich Frauen,
alle in schwarzen Überwürfen, ohne Haar, ohne
Schultern, ohne Knie – schwarze Falten bis zur Erde,
ja, wie Schatten riesig in den Zimmerecken.)
Die kleinen schwarzen Rosenkranzperlen reihn sich zu einer Kette
für einen zarten Schwanenhals.
Drei Koffer mißratene Worte
und einen Rucksack Müdigkeit
nehm ich mit.

aus dem Lettischen von Manfred Peter Hein
zusammen mit Amanda Aizpuriete und Margita Gūtmane

Was machst du in jener fernen Nacht
jenseits des Mondes?
Dein Name zergeht wie ein Salzkorn auf der Zunge,
dein Schatten spielt Versteck
diesseits des Mondes.

An die Wand der Welt möchte ich dein Profil in dieser Nacht
mit einem Stückchen Mondlicht zeichnen,
aber es gibt keine so saubere Wand.

Das Leben ist zur Hälfte gelebt.
Die Flüchtlinge und Gefallenen unserer Generation schweigen.
Was machst du in jener fernen Nacht
jenseits des Mondes?

aus dem Lettischen von Manfred Peter Hein
zusammen mit Amanda Aizpuriete und Margita Gūtmane

Wieder beginnen Gedichte
mit Ich und Mein.
Gedichte beginnen,
wenn im Kopf tönt:
wo bleib ich?
wann ist mein Ende?
Dieser Tag wie eine Blume bringt er sich
mir. Dir auch – daran zweifle ich nicht.
Ich beraub dich doch nicht etwa?
Diese Nacht, wie Panzer rollt sie
über mein Hirn.
Ich hoff, nicht über deins.

aus dem Lettischen von Manfred Peter Hein
zusammen mit der Autorin und Margita Gūtmane

Elftausend Meter über den großen Tälern

Miss Love sitzt im Flugzeug am Fenster weil sie die Wolken
Sehen möchte, weiße Wolken, dicht und weich wie Zuckerwatte
Schaumige Wolken, über die man vielleicht gehen kann
Mit nichts an als einem ärmellosen T-Shirt. Am späten Nachmittag
(wenn sich ihr Haar golden färbt)
Kann die Sonne sehr stark sein, hier oben
In der Höhe.
Neben ihr sitzt ein Mann.
Er lugt misstrauisch auf ihre Arme
Die übersät sind mit Schürfwunden und blauen Flecken.

Miss Love sitzt im Flugzeug, die Knie zusammengepresst
Ein makrobiotisches Abendessen auf dem Schoß, unter den Füßen
Sachen, Sachen die sie gekauft hat. Auf dem Rücken trägt sie einen
Bärchen-Rucksack, in dem sie ihr Hochzeitskleid aufbewahrt
Und die Urne mit der Asche ihres Mannes, eines berühmten Pop-
Sängers, dessen Namen sie vergessen hat.

Schon lange wohnt er hier im Bärchen-Rucksack
Eine Handvoll seiner Asche hat Miss Love
Unter der Trauerweide im Garten vergraben, zwei Handvoll hat sie mit
Ton vermischt
Kleine Teller daraus geformt, ein Teil wurde verweht
Leider:

Endete er in der Belüftung.
Den Rest trägt Miss Love auf Reisen immer bei sich
bei ihrem Herz, wie einen Talisman

nach Interlinearversionen aus dem Kroatischen von Alida Bremer
nachgedichtet von Hans Thill

Nachts im Naturkundemuseum

In der Nacht vor dem „Einmarsch“
ordnete ich im Prager Museum
Schwertfischarten in Mappen.
Siebenstreifige Riesenschildkröten,
die nur alle fünfzig Jahre
in der Adria auftauchen.

Nach Zahlen sortiere ich
Schmetterlinge in seidigen Farben,
sammele Muscheln aus sieben Meeren.
Versteinerte Schwämme
hole ich aus dem Keller,
vergessene Skelette von Delphinen.
Bevor man mir den Schlüssel abnimmt,
laß ich die Kraken tanzen
in den ewigen Einmachgläsern.

Die Leute fragen mich nun, wie
ich als Biologieprofessor die
neue Stelle als Totengräber ertrage.
Nichts besonderes, sage ich,
je tiefer ich grabe, desto näher
bin ich der Quelle des Lebens.

nach Interlinearversionen
aus dem Kroatischen von Alida Bremer
nachgedichtet von Arnfrid Astel

Von morgen an begegnen wir uns direkt im Baum

Mein Leben war kurz
Ich hatte keine Zeit, der Menschheit das in Aussicht gestellte Gute
zu bringen
Die Füße auf den Tisch vor mir legen – das ja
Meine Füße anheben und sie auf den Tisch vor mir knallen
lassen – das ja
Jemanden beleidigen, in Rage geraten und von vorne anfangen –
das ja ja ja

Ich habe alles vermurkst
Fand sich ein guter Anlass, etwas zu vermurksen, so habe ich
es vermurkst
Ergab sich eine Gelegenheit, mich zu retten, so habe ich
sie verspielt
Mit meinem Irrsinn geriet ich ganz nahe heran an Gottes Schläfe –
Gerne hätte ich mir eine Mundharmonika gebastelt
Aus den Geschlechtern aller Frauen, die ich kennenlernte
Denn ich ekele mich nicht

„Ach, hätte ich doch eine Mundharmonika
Ach, hätte es doch genug geregnet und ich besäße
eine Mundharmonika
Ich hockte mich auf meinen Hintern und spielte Mundharmonika
Setzte mich auf den Bordstein und spielte auf meiner
Mundharmonika"

Alles ist schön, wenn dir jemand den Tisch abräumt
Alles ist bezaubernd und süß wie Nasenpuder
Wenn ihre Nase unter dem Puder nicht glänzt

/ ...

Mein Portemonnaie ist nicht auch dein Portemonnaie
Aber wir könnten uns noch eine Weile gemeinsam freuen
Und wenn mein Fuß dich unter dem Tisch berührt
Fühlt es sich an als liebkoste meine Zunge dein Hirn
Und beide geben einen seltsamen Laut von sich

Ich war unglücklich, und du hast mich mit Sodabikarbonat
eingerieben
Ich war besoffen und elend und besoffen
Und wollte mich unbedingt umbringen
Aber du hast mir ein Klistier gesetzt
Mit Blutvergießen erreicht man nichts
Aber man erreicht alles, wenn man morgens
Um fünf Uhr aufsteht und zur Arbeit geht
Du erreichst alles, wenn du in einem Kämmerchen
Über dem Restaurant der Kivu-Brüder mit mir raufst
Und wenn du vor dich hin trällerst:

„Ach, hätte ich doch eine Mundharmonika
Wärest du doch Teil einer Mundharmonika — meiner
Mundharmonika

Ich verlegte mich ernsthaft aufs Mundharmonikaspielen
Zöge mich zurück und spielte auf meiner Mundharmonika"

Und nun kommst du, um mir zu sagen, daß du kein Geld mehr hast
Warum wohl hast du kein Geld mehr?
Warum solltest du aufhören, zärtliche Gefühle für mich zu hegen?
Hast du je einen gesehen, der allein von seiner Liebe lebte?

/ ...

Du hast bloß mich gesehen
Allein ich habe auf dich gewartet
Beharrlich und unrasiert und schön anzusehen
Und bestens durchblutet
Irgendwann einmal werde ich bis zum Nachbarrestaurant gelangen
Ich werde mich aufrecht hinsetzen, werde mich hinknien
und werde zum Nachbarrestaurant gelangen
Deine verrückten Lippen werden alles aus mir heraussaugen
Ich werde in deiner Leber herumtanzen, werde bis in deinen
Schädel vordringen
Werde einen großen Friedenstanz aus dir machen
Und dich von innen drücken dich umarmen und singen:

„Ach, hätte ich doch eine Mundharmonika
Wärest du doch eine arme Mundharmonika – meine
Mundharmonika
Ich wäre besessen aufs Mundharmonikaspielen
Würde ausflippen vor Lust, auf meiner
Mundharmonika zu spielen“

aus dem Rumänischen von Ernest Wichner

Gibst immer noch alles auf den letzten hundert Metern

Nun, wie solltest du's denn nicht wissen? Du wusstest es
Wusstest es mit allen deinen Zellen
Daß uns nach einer Stunde gemeinsamen Schlangestehens
Eine heftige sexuelle Lust befällt
Du liefst gelb an, wir keuchten
Und schafften es nur noch bis zum Lift

Du machst mich wahnsinnig
Fährst mir mit den Fingern über die Schläfen
und machst mich wahnsinnig
Sprichst leise, öffnest den Mund so weit
Daß ich deine nervösen und drangsalierten und fertigen
Eingeweide zu sehen kriege
Und wie ihre Schwanzspitzen zucken
Und von mir genommen werden wollen

Wie sollst du's nicht wissen?
Du bist um zwei Finger schöner als jede andere Frau
Heißer, tiefer und zärtlicher
Als jede andere Frau der Welt
Und als wären deine Finger noch nicht gezählt
Und deine Brüste nicht bloß die beiden Spitznamen
Die Gott dir in den Tagen gegeben hat
Als er das Fleisch machte

Und du verblüffst mich
Rufst meinen Namen, kommst näher und verblüffst mich
Im Zimmer deines Körpers kriege ich immer

...

Den Sessel in der ersten Reihe vor dem Fernseher
Im Bett hab ich das Bett
In der Küche den Wiener Dreifuß für den Kaffee
Doch du läufst gelb an
Wir keuchen
Und schaffen es nur noch bis zum Lift

aus dem Rumänischen von Ernest Wichner

Die Übertragung

Von draußen sehe ich durch das Fenster, wie meine Mutter am Spülbecken steht
im brennenden Haus, und sie brennt selber schon eine ganze Zeit,
übrig ist von ihr nicht viel, eigentlich nur das Profil. Es vergehen dreißig Jahre
und meine Tochter wird von der Straße durch das Fenster
beobachten, wie ich brenne im brennenden Haus. Aber ich weiß nicht,
ob sie wissen wird, was sie da sieht.

Ich schuf dem Tod einen Raum in mir.
Ich schob die Decke, das Hemd zurück, öffnete meinen Brustkorb.
Ich hätte keinen Platz für niemanden von euch, wenn ich nicht dem Tod
Platz gemacht hätte. Solange ich dem Tod noch keinen
Raum gegeben hatte, hatte ich für niemanden von euch Platz,
da müsst ihr euch ja nichts einbilden.
Als ich die Nussschale knacke, finde ich darin den Staub eines Mäuschens,
meines Ehemanns, meiner Kinder, meine Belohnung, meine Bestätigung.

nach Interlinearversionen aus dem Polnischen
von den Masterstudierenden der Universität Mainz
Janina Jodynis, Agata Okońska und Katarzyna Piasecka
unter der Leitung von Tomasz Rosmyslowicz
nachgedichtet von Sabine Schiffner

Fremde Rose

Ich habe eine wunderbar schöne Tochter, ihre Zähne,
ihre Locken sind wie aus dem Hohelied. Und ich selbst
habe mich auch schon schön gefühlt, Danke der Nachfrage. Aber sie
ist auf eine völlig andere Weise schön.
Das ist eine Schönheit, die ich beschützen muss.
Wenn ich irgendeine beliebige Schönheit hätte, hätte ich mich ihrer geschämt,
ach ja, ich habe wahrscheinlich irgendeine Schönheit und die Männer
würden mir ja auch nicht ständig hinterherlaufen, wenn ich sie nicht hätte,
aber ich mag meine Schönheit nicht, gerade weil die Männer
ihr nachlaufen. Aber die Schönheit meiner Tochter
das ist etwas anderes. Die Schönheit meiner Tochter, daran glaube ich,
ist die einzige Hoffnung
dieser Welt.

nach Interlinearversionen aus dem Polnischen
von den Masterstudierenden der Universität Mainz
Janina Jodynis, Agata Okońska und Katarzyna Piasecka
unter der Leitung von Tomasz Rosmyslowicz
nachgedichtet von Sabine Schiffner

1. September 1939

Ich sitze auf den Stufen des Cafés Stadthalle
An einem See, der irgendwann Schlossteich hieß,
Hier war der Konzertsaal der Stadt Königsberg,
Der den Violinenklang und Schuberts Serenaden vergaß,
Doch dafür Paukenschlag und Bratschenjammer hörte,
Die so klingen wie Bombenschläge und Klagerufe
Der Bewohner im brennenden Schlossquartal.
Die Zeiger rücken langsam auf vier Uhr morgens,
In der Luft liegt Chopins posthumes Nocturne,
Und mondgleich streut ein Scheinwerfer der „Schleswig-Holstein"
Sein Licht auf die Danziger Bucht, die Westerplatte
Und den Sand der Halbinsel Hel.

Die furchtlosen Flieger von Bruno Dilley,
Dem Jungen aus Gumbinnens Straßen, sie starteten
Von Elbing, um polnische Stellungen an der Weichsel zu treffen,
Und meinen noch, es sei zum reinen Vergnügen,
Denn die „Junkers"-Motoren dröhnen im Rhythmus des Jazz,
So, wie vielleicht Glenn Millers Posaune singen wird,
Sollte er überleben, und nicht verschwinden im endlosen Ozean.
Neubert hat seine Hand schon am Abzug,
Und Medwedecki wurde der Erste der vielen Piloten,
Deren Seelen für immer im Himmel blieben,
Während die Flugzeuge ihre Nasen ins Meer bohrten oder
die zarte Erde küßten.

Noch zehn Minuten bleiben, bis der Krieg beginnt,
Und im Versuch, das Jahrhundert zu begreifen
Starre ich die Dunkelheit. Schemenhaft tauchen Umrisse auf

...

Von einer Menschenmenge, die ihn willkommen heißt,
Den Mann, der das Land, ihre Städte, Millionen von Kindern vernichtet,
Mit ihrem Einverständnis und in stillem Einvernehmen.
Mai neunundzwanzig, die Masse drängt sich
Durch die Türen der Stadthalle.
Die erste Führerrede in der Stadt Königsberg –
Ich gebe euch Arbeit, Ordnung und Brot. Wählt mich,
Wählt mich, Deutsche über allen, ich gebe euch
Ordnung, Arbeit und Geld. Das ist viel mehr als Freiheit,
Liebe und Glück!

Ich frage mich, hatten sie eine Wahl, zwischen Hitler,
Den Kommunisten, Sozialisten, Demokraten?
Ganz bestimmt, denn Ende August
Hörten sie hier in Stadthalle auch
Eine Lesung von Thomas Mann,
Kapitel aus „Joseph und seine Brüder",
Aber das ist wohl schwieriger als das Kommando
„Schießen!"; und Erich Koch, sein Freibier für Arbeiter,
Sind näher und greifbarer als die Intellektuellen,
als Kant, das Recht, der Weltfrieden
Und der kategorischen Imperativ.

Rot scheint bis jetzt das Wasser vom Feuer.
Englische Bomber, Marschall Harris und die „Lancaster"
Setzten die alte Stadt gestern in Asche –
Ihre Brücken, Museen, Häuser brachen ein
vor glühendem Feuer und weißem Phosphorbrand
Kurz war die Nacht, und die Keller von Kneiphof
Wurden nicht kalt
Und noch rauchen die Inseln unter dem grünen Rasen.

...

Nachts hört man die brennende Domorgel schreien,
Während schmelzende Dächer in den siedenden Pregel kriechen.
Die Stadt der Ritter – sie fiel durch barbarische Hand
Einer englischen Zivilisation, gezeugt von der Barbarei
zivilisierter Deutscher.

Im Südosten von Polen, am Rand einer Siedlung –
Ein Junge. Mein künftiger Vater schläft noch,
Er ahnt nicht, dass nur ihn das Schicksal am Leben ließ,
Aber allen ringsum den Tod brachte, und dass er niemals mehr
die drei Sprachen seiner Kindheit sprechen wird,
das Polnisch-Ukrainisch-Jiddische, –
Dass er fünfundvierzig in meine brennende Stadt kommen wird
Über Roßgarten, und der Stadt den Tod bringt
Als höchste Gerechtigkeit zwanzigjähriger Feldwebel,
Um sich schließlich in die preußische Erde zu legen,
Wie in ein sanftes Bett, dass Mamele ausgebreitet hat.

Im Morgendunst begegne ich der Bürgerschaft,
Spazierend am See, junge Damen mit Kavalieren,
Ein Bootsauflug. Und schon sehe ich sie als Flüchtlinge
Im winterlichen Gdańsk, hinaufsteigen in ein Schiff –
die „Wilhelm Gustloff",
Dann verschwinden sie für immer in eisigen Meereswellen.
Ich sehe das Standbild von Kapitän Marinesko,
es lässt vom Sehrohr und reicht ihnen die Hand,
Flüstert, er sei für ewig verdammt, bei ihren Schatten zu stehen,
Was eine große Qual ist für pflichtgetreue Offiziere.
Moros, sein Bildhauer, entfernt sich in der Nacht
und hinkt mit dem rechten Bein.

/ ...

Es kommt mir so vor, als würde dieser frühe Septembermorgen
Bis heute andauern, als rauchten Europas Ruinen noch,
Auch wenn der Krieg fünfundvierzig beendet war,
Hitler sich umbrachte,
Koch im polnischen Gefängniskrankenhaus starb, Bruno Dilley
Nach dem Krieg noch lange der Bundeswehr diente,
Und still in einem zivilen Bett verschied.
Das Panzerschiff „Schleswig-Holstein" wurde bei Gdynia versenkt.
Von meiner Familie überlebte nur mein Vater
In Preußen traf er meine Mutter, die aus Brjansk kam.
Und allein Deutschlands Henker Arthur Harris bedauerte nichts,
Nur, dass er nicht Peer in England wurde,
Aber man hört das Schlagen der Blechtrommel bis heute
Auf dem langen Markt von Danzig.

Was war das wichtigste Ergebnis des Kriegs –
Paraden, Ehrensalven, Verschiebung der Ländergrenzen,
Neue Städtenamen, Hinrichtungen von Nazi-Mördern,
Brennende Bauernhöfe, Hinrichtungen in unzähligen Ghettos von Vilnius
Bis Kolomyja und Krakau, die Sterne von Stalins Marschallen,
Das Scheitern der großen deutschen Kultur, die der Welt
Nun nie wieder das geben wird, was sie geben könnte,
Wenn sie dem Unheil widerstanden hätte?
Das Wichtigste ist nur, dass wir überlebt haben,
einfach am Leben blieben, Kinder gebaren
Und ihnen beibrachten, in der Sprache
Unserer Eltern zu sprechen.

aus dem Russischen von Franciska Zwerg

Tadeusz' Honig

Ich bin wieder in Warmia und Masuren
Auf Reisen gewesen –
In meinem Land der Heiligen Linden
Der Wolfsschanzen und elf Millionen Seen –
Aber ich habe diesmal kein Mitbringsel gekauft
Kein einziges Weckglas mit Honig
Von Tadeusz aus Jeziorany
Und sein Honig schmeckt
Wie der saure Löwenzahn
Wie die süße Leber eines greisen Hirsches

Tadeusz
Der phlegmatische Jäger –
Der auf der Pirsch
Ein giftiges Antimückenspray benutzt
Um beim Schießen nicht aus der Übung zu kommen –
Preist die Geduld und trinkt nicht mehr
Weil er Angst hat
Vor einem zweiten Herzinfarkt
Der ihn und die Nerven seiner Keiler terrorisiert –

Er hat Angst vor den Augen der Natur
Denn er denkt
Dass sie ihn – den Jäger und Sammler – belächelt
Dass sie seinen Honig nicht liebt

Er hat Angst
Vor der Sonne
Die für die Füchse dunkelrote Wälder gebiert
In denen unsere Erde zu Hause ist.

Endlich einsam

Wir haben Danzig leergefegt
Stalin und Hitler verjagt
Jeden polnischen Wodka ausgetrunken
Um festzustellen
Dass nichts besser greift und hält
Als der physische Schmerz – gefangen wie in einem Türschloss

Und mein junger Großvater Jan Bäcker ist mit der Wehrmacht
In Asien gewesen
Er hat geschrien und getötet
Für seine Winterstiefel
Aus dem Zweiten Weltkrieg –

Vielleicht sollte ich
Meinen arbeitslosen Cousin Krzysiek in Bartoszyce anrufen
Ihn um Gnade bitten
Er hat einen Ziegenbart und eine Glatze wie Lenin
Er könnte locker jeden Tag zwanzig Dollar verdienen
Als sein Doppelgänger

Er muss keinen Spargel der Wessis stechen und befruchten
Er bringt für meinen Bruder aus Heidelberg
Das Haus seiner glücklichen Ehefrau auf Vordermann –
Deutschland muss pausenlos wiederaufgebaut werden

Aber ich bin mit Krzysiek dennoch eins geworden
Und seinem Tod vertraut
Ich würde ihm am Telefon sagen

...

Sei endlich einsam
Ohne Europa
Denn heute gehe ich weiter als ein Strandkorb
Und fasse die Wolken an
Mit meinen Fingern
Hier im Norden von Bremen

Sollen doch aber Jerusalem und Amerika
Vergehen wie das Reich der Pharaonen
Und Krokodile
Hier ist mein privater Werder und Briefkasten
Ein warmer Grabstein
Und ich bin wieder vier Jahre alt
Und in diesem Grabstein
Wohnt meine silberne Schwester Agatka
Die 1972 in Bartoszyce beerdigt wurde
Drei Tage nach ihrer Geburt

In Finnland oder Masuren
Dort an den stummen elf Millionen Seen
Bin ich endlich einsam –
Ohne Europa.

Kopf und Beil

Wenn ich nur meinen Kopf ausschalten könnte, ohne das Beil zu benutzen: Über mich willst du nichts erfahren, dass ich mich seit Jahren schon mit dem Branntweingeschmack im Mund ins Bett lege und meine Zunge am liebsten ausspucken würde, weil sie sich wie ein sowjetischer Gummistiefel anfühlt, fade und grässlich. Was würde ich bloß in der Antarktis kochen? Was essen? Meine steife Zunge? Deine ist Honig, deine ist Babylonien! Deine leckt die Sonne flussaufwärts. Ich habe mir sogar ein Siphon gekauft, ich bespritze meine Zunge jeden Tag mit Kohlensäure, Aqua, 220 Volt. „*Ja*" zum Leben und „*Ja*" zum Tod. „*Ja*" zur Krankheit und zum Verderben. „*Ja*" zur Gewalt – und „*Action!*"

Durch den Wald

Ich weiß nur eines. Es gibt eine Ecke in meinem Wald, wohin zu gehen ich mich immer gefürchtet habe, weil man dort von intelligenten Heuschrecken überfallen werden kann, die einem klar machen, dass der Mensch nicht der einzige Gehirnträger ist, der Fähigkeiten zur Logik und zu geometrischen Figuren entwickelt hat. An diesem Ort zu sein, ist, als wenn alles in dir, die vielen Kilometer von Adern, zusammenstürzen würde. Und du siehst keine Flüsse mehr, keine Ströme und keine Fische. Wie soll man da noch arbeiten und Geld verdienen, um die Schränke im Schlafzimmer zu füllen? Dort, in diesem Wald, steht ein Dom, du kannst ihn jederzeit besuchen und die steinernen Zentauren über dem nördlichen Domeingang bewundern.
Ich sage, kaufe oder miete dir ein Flugzeug und erkunde die zentrale Sonne, es gibt sie wirklich, überall ist sie, während du dir langsam die Marmelade auf deine Zunge streichst: *Black pigs, Black pigs!* Warum hast du nur so viele Bilder zerrissen? Gauguin und Kokoschka! Weiße Wände erfordern ein gewisses Maß an Liebe zur Reinheit. Kannst du wirklich nicht töten? Du hast immer Angst, weil du dich beobachtet fühlst, von allen Sternen – im Badezimmer und selbst im Keller, und die kleinen gelben Punkte auf der schwarzen Fensterscheibe kannst du noch nicht wegwischen, und dennoch, du musst es versuchen, ich sage, du musst es versuchen!
Also, ich schlief im Wald und suchte seit vielen Jahren nach einem Zuhause, nach einem Himmel, ich wanderte durch den Wald und sammelte Pilze und aß sie ungekocht wie ein Tier. Aber ich überlebte. Ich las keine Bücher, kaufte mir nichts mehr. Ich vergaß meinen Namen und den Ort, an dem ich geboren wurde. Ich ging jeden Tag weit in den Wald. Er endete nicht, er wollte einfach nicht enden, und ich verlor die Hoffnung. Ich verlor die Hoffnung. Und heute sitze ich gern im Schneidersitz und meist stundenlang in der Mitte des Waldes und erfreue mich an den Blaulichtern der Bäume, am Überfluss der Lichtungen, welche das Wild ernähren, und alles ist meins!

Auf meiner Brust

Ich bin wie jeden Morgen nicht aufgestanden um Streichhölzer zu sammeln
Und die Tänze deiner Nächte
Ich bin wie jeden Morgen nicht der Sonne an den Hals gesprungen
Um sie für ihre kosmischen Pausen zu strafen
Kurz vor dem nächsten Urknall –
Ich werde nur wieder meinen Koffer packen
Der Schlafanzug kommt mit und die CDs aus Amerika
Klezmer und Gitarristen
Und ich steige in meine Badewanne
Um zu siegen
Draußen singt die Nacht von ihren Kastanien
Und die Kastanien sind groß und lebendig wie deine Küsse
Und eine Überweisung kommt nach Hause
Zwei Kilo Tomaten Schinken und die Knete für den Ölwechsel
Deine Höschen duften wie immer nach Sommer
Und der weiße Ventilator in der Ecke läuft in Windeseile
Und kühlt meine Brust
Und ich glaube
Dass Er sich meine Existenz so bescheiden nicht vorgestellt hat –
Diese nutzlose Todesstille deiner Kastanien
Auf meiner Brust.

Wofür ich lebe

Ich lebe für diesen Tod, der uns jeden Morgen ausgraben will.
Für deine Lippen und Augen
Lebe ich, für dich und deine Beine und die Sonne,
Die nicht stirbt – zumindest auch nicht dann, wenn wir
Eines Tages unsere Zivilisation ermorden werden:
Im Namen der Zyklen und Abwässer und vergifteten Flüsse.
Ich lebe für Dich und den Wodka und die Zigarette.
Das Leben muss angezündet werden,
Denn ich lebe für die Friedhöfe: damit das irgendwie weitergeht.
Und ich lebe für das Upgrade in die 1. Klasse der Deutschen Bahn,
Ich lebe für meine Kindheit und für die weißen Handtücher
Der Bleibtreustraße 31 in Charlottenburg.
Ich lebe für den Duft deines Nachthemdes zwischen unseren Beinen,
Ich lebe für das Kissen: das dich weckt
In allerletzter Sekunde, in der man für immer steckenbleibt.

B…

Bevor du aussteigst
pass doch auf
dass niemand
durch dein Aus-
und Zusteigen
seine Privatkomfortzone
einbüßen muss

pass auf,
dass du
deine Wertgegenstände
an leicht auffindbaren Stellen
mit klaren Anweisungen
für wen und warum
du sie nicht mehr
mal brauchst
hinterlassen hast
(Unterzeichnung erwünscht)

und pass auf,
dass du
ansonsten
ganz spurlos
verschwindest,
die kostbare Luft
nicht verbrauchst
und kein Furz
soll verraten

…

dass es dich ja
doch eben noch gab

(ausser wenn du
eine Sekunde vor deinem Verschwinden
mit einem deutlichen Lautzeichen
den Furzhersteller
eines fremden Furzes
vorgibst
und die Ehre
eines Weiterfahrenden
heldenhaft
rettest)

Vor dem Zusteigen
nicht vergessen
zu überlegen
wo du hinwillst

wenn du wüsstest
wie dämlich
diese zwecklos
und gelegentlich
Mit-fahrenden,
die tagtäglich
in unerträglich
zunehmendem Tempo
eine*n zahlungsfähige*n
Passagir*in
durch unangenehmes

...

Herumwuseln
(insbesondere beim Aussteigen)
ohne das mindeste Maß an Respekt
ecklig
ätzen.

Hätten nur alle sich erst überlegt,
hätten wir schon lange
so einen cleany underground errichtet –
rundlich, genau und alpenfrisch
wie schweizerische Uhr
statt dieses
Sauna-temperierte
Fegefeuer
von heute

Bitte, aussteigen!

C…

cum grano salis
und wenn du
kein Latein kannst
da hast du hier
wirklich
nix zu suchen

es geht hier nämlich
– hallo! –
um Gedichte
und diese
sollen bekanntlich
entweder belehren
oder
schön sein

und Latein
ist der schönste
Ausdruck
der Gelehrtheit

Leopardi sah den Rauch von Ithaka
i cani abbaiar
aboyez

Die beste Salbe gegen Abszesse ist Pityol
obwohl auch Furunkulin wahre Wunder wirkt
wird bei Kälte leider etwas zäh

Hefe essen gegen die Dinger, sehen aus
wie Brustwarzen einer Stillenden

Der amerikanische Westen ist voller Legenden
all the cattle are standing like statues
on a morning like this
Oklahoma is a state in America
you can't eat with two teeth can you

Mir bleiben ein Eckzahn ein Schneidezahn
the pick-axes the spade
am Ende ein Gebiss
das Finale ist vollkommen verknöchert
Haut und Knochen Knochen umhüllt mit Fleisch
um Frauen haben zu können zum Lieben
um abzuspritzen
in the primordial forest it often happened
the animals were lecherous

/ ...

Marconi with your transistor radio
you can attune me to those times
of course the mosquito drinks blood

aus dem Tschechischen von Jan Faktor und Annette Simon

Der Dämon des Wandels für den Wandel

The most beautiful painting is called kitsch
after a German painter who painted rosariums
he was known in Prague

Mal müssen wir Kadaver oder Eiterbeulen malen
aber die Zeit der Venus mit Milch- oder Mandelhaut kommt wieder
as a matter of fact it is already on the bridge.

aus dem Tschechischen von Jan Faktor und Annette Simon

Minority

In der Geschirrtruhe liegt die Tasche der alten Blašková
I should be very glad if the bus was allowed in the kitchen

The moon does
we all do circling round mothers

Ich bekam mit achtzehn alle Vollmachten
I decided to triumph.

aus dem Tschechischen von Jan Faktor und Annette Simon

Sie zündeten die Lichter an

Die Jause ist dran und ein Geschenk von Gott dem Herrn
nachts kann ich Kasperls Frau haben Ogottogott und schnurren

Der Schlamm is taking roots
und die Wasserpflanzen wiegen sich hie und dort

Saskia was fat enough but Hendrikje was really beautiful.

aus dem Tschechischen von Jan Faktor und Annette Simon

Liebe

Ein Python hat bis zu drei Zungen im Mund
ich habe am liebsten zwei

Eine Biene besucht fünfhundert Blüten
bis ihr stecknadelgroßer Magen sich füllt

Sie verdaut wie Rilke
probably moss which the bumble-bee cant't reach

But the wood butterfly's caterpillar does
im verwünschten Wald voller Schmetterlinge

One of them is Rosie
she has a big roman nose.

aus dem Tschechischen von Jan Faktor und Annette Simon

Predestination

Im Schornstein wird Schweinefleisch geräuchert
wenn man's rausnimmt kommt der chimney-sweep
Ramón Novarro vom Fluggeschwader

How many films has a person got
they are all in the archives of the Great Society
they are in Pablo Picasso's property

My first one was the cook Faty
im Kino Excelsior im Stadthof
wo mein Mitarbeiter Uhde beschäftigt war
wir schrieben zusammen zwei Ballette
wer nicht den Spaten schwingt performt mit einem Stift
pèrformt pèrsohnifiziert mein lieber père
mir wurde wehmütig nach Ihnen mein Vater

Wehmütig nach weiß nicht was
sehnsüchtig einfach so.

aus dem Tschechischen von Jan Faktor und Annette Simon

Eine Straße ohne Schilder

eine Straße ohne Schilder
irgendwo
der Winter kommt
rein
die Waldluft
platzt herein
wenn du das Autofenster öffnest
riecht es nach frischem Feuer
und verborgenen Schätzen
und Erinnerungen
der Wald selbst
ist eine Reinigungsfirma
er hat so viele Masken
fallen sehen
im Ansturm des ehrlichen, wilden Ringens
unter Jägern und Gejagten
aller Art
der Wald
der große Reiniger
verwandelt jeden Beweis
in ein Torfmoor
„bog", „Moor"
ist ein Name Gottes
auf russisch
man sagt
der heilige Inhaber
einer ungekürzten
doch unverfügbaren Akte

...

über diese ereignisreiche Epoche
von Menschen und Geflügel
von Wölfen und Mücken, mächtig
bissig
ohne irgendeinen schriftlichen Auftrag
erlässt
Vorschriften
und zerfällt dann
zu einem vollkommenen Treibstoff
der die Straße durch den Wald
oder jeden anderen Pfad
sich endlos entrollen lässt
unter deinen Füßen.

06.11.2016

aus dem Englischen von Sylvia Geist

Mehr als bloß ein Gesicht auf der Titelseite des National Geographic

Jemand, den du kennst,
hat denselben Hintergrund von Krieg
und kriminellen Geschäften
und Hass,
eine Zeugin von alledem –
weil ihre Ruhe,
ihre heimelig kindischen Erinnerungen,
gemischt mit Furcht,
zu meiner eigenen Sphäre gehören.
Meine Zellengenossin
vom anderen Ende der Welt,
das weit weg zu sein scheint,
ein ferner
und verbrecherischer Ort für jene,
die die Nachrichten nur
im Netz verfolgen.
Sie hat das alles als Kind gesehen
und ihre sanften Erinnerungen
milderten den scharfen,
würzigen Geschmack
der dunklen Zeiten,
die wir alle durchleben,
jetzt.
Dieses warme Gefühl von Gleichheit
mit Leuten, die das kennen,
ohne jemals die Nachrichten
gelesen zu haben.

...

Du und ich.
Wir beide.
Millionen von uns.
Jede Menge.
Wir sprechen verschiedene Dialekte,
aber die Musik, die uns durchschüttelt,
ist dieselbe.
Wir wechseln zwei, drei Worte am Tag,
das hilft den Puls zu fühlen,
einander
und der Menschheit,
der Welt.
Zu wissen,
dass Seele und Körper
korrespondieren,
dafür habe ich
dich.
Jetzt hör gut zu,
denn das ist mein Bekenntnis.
Meine Religion geht so:
Mag das Aufatmen noch fern sein,
die Welt ist eins,
solange diese Verbindung
steht.

aus dem Englischen von Sylvia Geist

Hotel Donau

Diese zu dünnen Arme habe ich von ihm.
Manchmal betrinke auch ich mich so restlos,
ich, die wahre Tochter des Hotelchefs, ich,
die kleine Spaßmacherin, wie er sich betrank.

Ich sah ihm bei der Arbeit zu, gut versteckt
hinter dem Pokertisch, gut bestochen
mit Schokolade aus dem duty free shop,
die zu spät nach Vokovar kam, zu spät

wie das Internationale Rote Kreuz, zu spät
wie die Menschlichkeit, zu spät
wie alles Gute, das immer zu spät kommt,
in dem finsteren Teil der Welt.

Diese zu dünnen Arme habe ich von dir.
Um mich tut es mir nicht leid, nur wie
konntest du dich mit ihnen wehren,
als man dich zu Boden schlug?

nach Interlinearversionen
aus dem Kroatischen von Alida Bremer
nachgedichtet von Kurt Drawert;
auch folgende Seite

DU ARBEITEST an dir,
jeden Abend eine dreiviertel Stunde,

einatmen, ausatmen,
Katze, Hund, und Schlange.

Du zündest die Kerzen an,
schaust in die Flammen,

und die indischen Monsune tragen dich fort.
Die Ajurveda-Ärzte heilen

das beschleunigte Leben, eine Mühe,
die Ruhe bringt und ein Vertrauen

in alles Fremde. Die Rituale des Abends
und die schwarzen Perlen unter der Zunge

bringen dir Glück. Du arbeitest an dir,
jeden Abend eine dreiviertel Stunde,

einatmen, ausatmen,
Katze, Hund, und Schlange.

Du löscht die Kerzen
und bist im Dunkeln allein,

wie auch ich, auf dem Bett
in meinem Zimmer, jeden Abend,

wenn ich so auf dich warte.

Ein Wintertag zu Hause

„Vergleich den Rauch mit dem bei den Novotnýs.
Die denken an alles."
Unten unter dem Schnee rumpelt jemand mit Brettern.
Und am Nachmittag schaufelt er dort Kohle um.
Sonst nichts, Trockenheit und Licht, alles
für die Kiefer vorm Fenster:
Sie grapscht unter mein Hemd, wenn ich mich übers Geschirr beuge,
und ich meine, es ist die ein Jahr tote Mutter.
Was tun? Rausgehen und den unter die Treppe gewehten Schnee anfassen,
als wär's ein Diamant.

aus dem Tschechischen von Christa Rothmeier

Zwischen Wasserjungfern

Zwischen den blauen Wasserjungfern
meiner Töchter, mit nichts fertig,
allem ähnlich, werkstattlos.
„Weil ich Farben liebe, ist für mich
alles schwer“, sagt die Wasserjungfer
und gaukelt zwischen Lilien, die Freundin erwartend.
Und dann, einem Stängel entlang
begleitet sie sie zum Zug und die Lilie
entrollt in ihren Spuren ein Blatt.
Gewöhnlich bin ich bis zu den Augen im Fluss,
den ganzen Tag, ich mache mir Notizen.
Und nachts offeriere ich meiner Frau ein blaues
Glied, weich, grünlich angehaucht.
Es umgaukelt die Lilie
und stellt sich den Stängel vor.

aus dem Tschechischen von Christa Rothmeier

Szene aus einer Wasservogeljagd

Du willst mich nicht, sagst du. Sagst zu mir,
ich spüre nichts. Ich würde dich nicht spüren.
In der Nacht Eiscremetorten und du betroffen,
nicht zu reden, reinzustoßen, zu wissen, reinzustoßen,
sagst vor den Cremeeisschachteln,
ihr immer ähnlicher bist du, dieser
dort in der Nacht, statt reinzustoßen,
den Tortenschachteln, sagst du, vor weißen Hörnchen,
dieser nervösen Eule, anstatt mir nicht
mit Worten zu kommen, und in der Nacht ihn mir
dort reinzustoßen, wortlos ihn mir dort,
blickst wie deine Mutter drein, isst, schläfst,
reinzustoßen, ihn mir dort reinzustoßen
und nicht zu betrachten, zu überwachen,
tief, tief hinein. Auf einem zerbrechlichen
Papierboot geschieht dies. Die Fischreiher
bauen inzwischen ein Nest aus diesen Worten,
dem Text eines Hits, in dem ich die Fistelstimme,
den Falsett-Part bestreite, ich, Frontman,
von allen geliebt, Liebling der Götter,
mit der um eine Oktave höheren Stimme.

aus dem Tschechischen von Christa Rothmeier

Ein Wintertag

Während du schläfst, kaufe ich im Web Tropenkäfer,
frische Goldkäfer Eudicella Schultzeorum,
schöne, grüngoldene, mit Alabasterstreifen.
Über den ganzen Bildschirm ein taubenetztes Aquarium
mit einer Banane, einer Melonenspalte und einer Pflaume
(alles angefault), in dem dieses soeben ausgeschlüpfte
Rudel (die Männchen mit Ypsilon-Hörnern) äst.
Nimm dir ein wenig Zeit, ruhe dich aus.
Oh, ich möchte dich einatmen in mich. Ein kleiner Moment
zur Beruhigung deines Sinns. Du bist die Welt, in der ich lebe.
Wir tauchen ein in blaue Tiefen. Schweben auf Wellen.
Dies ist ein Tag voller Liebe. Ein Tag voller Liebe mit dir.

aus dem Tschechischen von Christa Rothmeier

Aus dem Leben und der Poesie

Was versteht der deutsche Journalist Herbert davon

Unser Leben ist schon bei der Geburt leicht schielend
Wenn du grüneres findest lasse es verrückt werden
Einige Wolken schwimmen auf jeden Fall darin
Jedoch sind die Augen von Herbert Mathematik
Er schaut nur darauf, nur wie er gewinnt, wie er verdient
So ein Blau, deren Glocken geläutet hat, gibt es nicht, ah woher
Wohlwissend hat er bestimmt vom Teufel eine Hülle gemopst
Seine Augen sehen aus wie ein Chemiewerk
Lumpen und Schurken dichten ihm Lobreden
Und unsere Augen sind wohl Nachtmärchen
Warum schweigt der Kronprinz in China
Äsops Großmutter ist wieder betrunken
Meine Mutter erzählte, dass alle Augen ähnlich sind
Wenn mal eine Wahl wäre, würden die Stimmen bestimmt
Rot und grün miauen
An sich sind wir mit dem Meer Nachbarn
Unserer Gärten sind gegenüber
In unseren Träumen haben wir unsere Kinder miteinander vermählt
Was versteht der Herbert davon
Wie ein Geisterfahrer mit seinem Kleinbus in der Straße
Morgens früh stürzen die Katzen in unsere Straßen hinein
Unsere Straßen sind verwirrt, ihr Katzen
Jedoch versteht der Wind unsere Situation
Es ist eine junge Frau aus Kuba, die mutlos schaut
Mit den Jungen versteht sie sich nun mal nicht
Sie hat sich nun mal der Revolution verschrieben
Ob Niederlage oder nicht interessiert sie nicht
Es ist egal, sagt sie, wofür sind wir denn da
Mich wird er heiraten, das ist Absicht meiner Mutter

...

Ein paar Oliven ein Kern, Armut halt
Was versteht der Herbert davon
Sich mit einem deutschen Schwein gepaart
Sohn einer lüsternen französischen Frau ist er
An brennenden Stellen hat er den Ladentisch aufgebaut
Mein Geburtsdatum hingegen beginnt mit Abraham
Zwei drei kleine Mäuschen hat er aus dem Feld geklaut
So eine Wolke ergoss sich auf unsere Köpfe
So warm wie zwischen den Beinen einer Schönheit
Früher hatte er vorgehabt nach Indien zu reisen
Dann schrieb er folgende Dichtung ohne es leid zu sein:
„Wann sich das Herz mit dem Auge trifft
dann erst spricht die Liebe"
Noch einen Spaß hat er sich mit dem Tod erlaubt
Denn der Tod ist, wenn zwei Schiffe zusammenprallen
Während das Meer im Festland blieb
Eine unsinnige Landung, so wird erzählt
Sogar erbitterte Träume mit der Revolution in das Gedicht
Mit Blut und Nerven in das Fleisch sich verwandelt
So wie die Sprachwerdung von uns den Armen
Was versteht der Herbert davon
Seine Aufgabe ist Klugscheißerei in einer Tageszeitung
Ich hingegen handele mit Träumen
Gegen Satzungen mit Kraft der Dichtung
Seht ihr der Himmel ist so noch etwas blauer
Auf einmal sind die alten Wanderer Lieder
Ich könnte mich noch ein mal verlieben in die Tochter des Bäckers
Mit den Worten, welche die Welt von neuem stricken
Sieht euch den Kanevas an, den Atlantischen Ozean
Und so tief, dass ich Angst habe zu schwimmen
Lefkara-Stickerei ist die Sache von Zypern, wie da Vinci es mochte
Was versteht der Herbert davon ...

Wenn er „a" sagt mit dem Stahl in seinem Mund
So flink wie eine Möwe verwandelt es sich zum Weg
Frag nicht nach meinem Wege, eine Straße ohne Ende
Es blüht ein einziges Mal im Jahr: hier Ankara
Hat vergessen, warum er gekämpft hat
Ein unglücklicher armer Mensch
Anstatt Tee trinkt er Dollar, wenn er seinen Mund hält
Damit am gedrehten Rohr eines Brunnen der Frühling blüht.
Was versteht der Herbert davon
Er weiß nicht, was er will, fragt ihn doch
Wie ein Pfeil gezielt auf den einflügeligen Vogel
Was wir auf den Schiffen uns fragen
Kriegversehrter Fikret Demirağ aus Zypern
Sina aus Izmirs Meerespromenade ist Zeuge
Veysel spaziert am Strand stolpernd über den Rand seiner Jacke
Was versteht der Herbert davon
Er läuft dem Gedanken hinterher, den Gott neu zu erschaffen
Ohne zu wissen, dass wir uns eine Zigarette teilen müssen
Wir stoßen einen Schrei aus in banditenblau
Gilt hier anstelle eines Klassenkampfes
Zudem kann keiner sich mit seinem Schmetterling messen
Das weiß und sagt immer wieder Turgay Kantürk
Als er mit Selim zum „Yeni Raki" eine Lobrede in Haydari dichtet
Gérard ist Zeuge, Michel auch, Yavuz sagt nicht „nein"
Freunde sind ein Restbestand am Dienstag
In Turhans Anwesenheitsheft steht geschrieben
Fragt Ince nach Herbert, er ist immer in Europa
Wenn er auch mal nach Mersin reist, um Celal zu grüßen
Hilmi hingegen schlafwandelt energisch
Dabei sagt man, dass die Ankaraer nicht mehr dichten würden
Sie sind hinter einer Armee her für die Revolution
Die Ahmets, Mahmut. Er ist wohl Feldwebel in Alkaya ...

Osman legt seine abgenutzte Bekleidung nicht vom Leib
Seht ihr ein Chor aus Kindern wie eine Glut
(Jemand namens Halim hat sich eine Trommel auf den Rücken gepackt)
Er bereitet eine Empfangsfeier für den Bruder Mehmet
In Bodrum ein dünnes langes Minarett Ilhen Berk im Wasser
Ich lege auf meinen Weg selbst Lichter aus sagte wohl Ahmet Oktay
Als ein Bergmann fragt er wohl den Orhan Koçak immer wieder
Indessen schaut Orhan mit mir tief in die Flasche
Landauf landab Kummer sammelnd
Überdies fragt er immer wieder, wann die Revolution stattfindet
İskender hingegen verlor seine Unschuld durch die Dichtung
Dem Enver schickte er sie, damit er sie abdruckt
Enver, welcher sich in sein schallendes Gelächter verliert
Was versteht der Herbert davon .
Wir werden mit den Dichtern nach Zypern reisen
Meine Geliebte ist dort ein Silbenvogel
Meine Frau und mein Sohn sind wohl Tauben
Sie zwitschern dauernd, meine Mutter gestorben, mein Vater gestorben
Zwitschern dauernd Revolution, Revolution sagend
Die Revolution hingegen hockt an den Mauern und raucht Haschisch
Was versteht der Herbert davon
Meine Mutter gestorben, mein Vater gestorben, bin allein
Mit dem Hammer ein Aufschrei hämmern sie unsere Herzen
Zwitschern sie und zwitschern immerfort

aus dem Türkischen von Nevfel Cumart

Wir, die Apfelbäume

Wir, die Apfelbäume, blühen keineswegs,
weil wir denken könnten, dass bald einer kommt,
der einige von unsern Zweigen bricht
und einen Blumenkranz aus unsern Blüten flicht,
im Gras herumliegt und ein Selbstporträt mit
Apfelblüte schießt – dafür blühen wir nicht.
Unsere rosa Blütezeit hat einen Namen:
Sie ist der Wunsch des kleinen Jungen,
der unsere grünen sauren Früchte salzt,
so dass sie zwischen seinen Zähnen knistern.

Wir, die Apfelbäume, lassen keineswegs
die Äste hängen, weil wir weinen müssten,
und sind nicht etwa schwer beladen,
um andern Vorwürfe zu machen – dafür reifen wir nicht –,
oder Dichtern Vorwände zu liefern
für noch ein jammerndes Gedicht,
weil das Leben auf der Erde einfach so vergeblich ist.
Unsere Reifezeit hat einen Namen: die Phantasie
der jungen Paare, die sie beim Pflücken frösteln lässt
und sie vor Wärmeschauer in die Betten treibt.
Der süße Duft lässt uns, die Apfelbäume, nie allein
vom Knospen bis zum Blätterfall
Gott weiß genau: Wenn wir uns vor dem Winter nackig machen,
dann schämen wir uns nicht einmal
für diese fabelhafte Mythenschande.

...

Unsere Blößezeit hat einen Namen: Sie ist
das Ofenmärchen einer alten Frau, für die
ein Bratapfel das Schönste ist in der weiß verschneiten Zeit
und die Maler stellen dies so dar,
dass das Alter und die Einsamkeit
hinter diesem Bild verschwinden.

Nach Interlinearübersetzungen
aus dem Georgischen von Tengiz Khachapuridze
nachgedichtet von Norbert Hummelt

Der Kreis

Dort oben, wo man alles weiß
und uns die Hausnummer zuweist,
den Wohnort und den Breitengrad,
die rechte Farbe unserer Haare,
die Hüft-, die Taillen- und die Körbchengröße
und die Studiengebühren;
dort oben, wo das alles vorbestimmt und eingezeichnet wird,
dort weiß man auch, wann uns der Vater einen Welpen bringt
und wann das kleine Tier vor unsern Augen
von einem Lastkraftwagen überfahren wird.
Man weiß dort auch, in welcher Nacht
wir durch das Fenster auf die Straße springen
und unsern Freunden folgen werden,
selbst wenn uns danach keine Heimkehr bleibt.
Man weiß, wann wir auf nassen Schienen rutschen,
wann wir am Rande eines Daches stehen
und den Regenschirm aufklappen;
dort oben, irgendwo, weiß man Bescheid
kennt unsern Namen, und Wort für Wort auch den gebrochenen Eid
das Datum eines Faustschlags, und wann die Ehe auseinanderging,
und auch die Witwenschaft der Mütter ist dort aufgezeichnet
und wie man Brot erwarb für einen goldenen Ring.
Dort oben, irgendwo,
hat man beschlossen, dass keine Tür mit einem Ruck aufgeht
und dass wir besser durch die Spalten kriechen,
dort oben, wo man auf die Kriege in unsern Ländern blickt
und sie wie aufgereihte Szenen eines Films betrachtet,

...

die Kriege, die uns die Brüder und Geliebten nehmen,
und unsern Kindern wies man eine Kindheit zu
in kalten Häusern und mit wenig Blut.
Dort oben weiß man nun wahrscheinlich auch,
dass ich nicht meine Arme breite, um ein Kruzifix
zu zeichnen, sondern dich ergriffen habe,
um mit dir einen größeren Kreis zu ziehen
und zu schreien: hier stehen Wir!

Nach Interlinearübersetzungen
aus dem Georgischen von Tengiz Khachapuridze
nachgedichtet von Norbert Hummelt

Ziegelsteine

Ein altes Gemäuer aus Ziegeln,
hoch aufgeschossen, mit festlichen Bögen,
steht vis-à-vis von meinem Haus,
zieht Sonnenstrahlen und Schneeflocken an.
Seine Terrassen, die leicht schief und sehr von oben
auf meine Fenster niederschauen
wie schicke, tief dekolletierte Damen
im Tanzsaal auf einfache Bauersfrauen,
können das Sonnenlicht so ganz anders erfassen,
und auch die Schneeflocken haben mehr Freude,
wenn sie auf ihnen sich niederlassen.
Jeden Morgen, wenn ich erwache,
schiebe ich die Gardine zur Seite,
und vor meinen Augen baut sich Ziegel um Ziegel auf ...
Ich zähle ihre Reihen seit Jahren
und weiß genau, wie viele vor meinem Fenster verharren,
über wie viele Simse, wie viele Stockwerke geht es hinauf ...
Du siehst, was ich meine, jeden Morgen
stehe ich auf und weiß genau, was ich gleich sehen werde.
Das ist meine Landschaft, mein Horizont.
Ich sag's dir, siehst du, so liegt die Sache:
Diese Ziegelsteine, die mir vor Augen ragen,
So schwer, dass sie mir Stirn und Wangen zerschlagen,
sie lassen die Bäume begütigend rauschen, ob ich träume oder wache.
Jeden Morgen schaue ich sie an in der festen Überzeugung,
dass sich in der Welt nichts ändern kann,
ich bin daheim hier und in Sicherheit.
Und sollte ich mal umziehen, kann ich sicher sein,

...

die Sehnsucht nach dem alten Gemäuer holt mich überall ein.
Der Abschied von den Ziegeln
fiele mir zwar nicht so schwer,
doch wo kriegte ich dann meine Ruhe her?
Siehst du, und das will ich dir erklären.
In dieser Welt, in der sich alles dauernd ändert,
die ständig in kleinste Teile zerfällt
in der kein Tag ein Ganzes bedeutet
und keine Nacht sich an Eichmaß hält,
starren mich diese Bögen und Säulen so schief und unbeweglich an
und erzählen mir,
woher ich kam.

Nach Interlinearübersetzungen
aus dem Georgischen von Tengiz Khachapuridze
nachgedichtet von Norbert Hummelt

Fenster zum Licht

Deine Hände um meine Taille
und dein Kopf auf meinen Knien –
das sieht eigentlich ziemlich banal aus.
Aber wie ändert sich das Bild, wenn diese Hände, wie
Schifferboote auf fernen Meeren,
meinen Körper schwimmend überqueren, um fremde Inseln
neu zu entdecken.
Dann bin ich, eine einfache Frau,
ein Anlass zur Freude, es fühlt sich so an, als habe man einen
Goldschatz gefunden
in einer Höhle, den Piraten versteckten.
Und ich, eine gar nicht besondere Frau,
funkle und blitze
und halte mich
für ein Fenster zum Licht –
und es braucht nichts als meinen Willen, die Welt mit Sonne
auszufüllen.

nach Interlinearübersetzungen
aus dem Georgischen von Lika Kevlishvili
nachgedichtet von Norbert Hummelt

Es hat gar keinen Krieg gegeben

„Das sind doch auch nur Menschen“,
sagte Mutter,
„Das ist doch gar kein echter Krieg.
Die ballern nur so rum, sich gegenseitig zu erschrecken,
die zielen auf die Dächer, oder eine Säule.“
Doch sahen wir,
wie den einen Nachbarn auf der Straße eine Kugel traf,
einem anderen wurde die Balkontür zertrümmert.
Gegenüber setzten sie ein Haus in Brand,
nur gut, dass keiner drin war.
Das Feuer griff rasch um sich,
so dass es gar nichts mehr zu plündern gab.

„Das ist doch gar kein echter Krieg.
Im Bunker kann den Jungens nichts passieren“,
teilte uns der Kirchenvorstand von Sankt Nino mit
und machte für den Präsidenten eine Kerze an
und ebenso für meinen Bruder.
Wir konnten nicht begreifen,
was er in dieser Ecke wollte
und was ihn in den Bunker trieb.

„Kommt doch zu uns,
bis bei euch drüben wieder Ruhe ist“,
riefen uns Verwandte an,
„ihr seht, es ist gefährlich, sich ein Brot zu kaufen.
Aber bald ist Neujahr, und dann feiern wir.“

/ ...

„Das ist doch gar kein echter Krieg“,
so gaben wir zurück,
„Wir haben uns an diesen Krach gewöhnt.
Sie schießen ja auch nicht rund um die Uhr
und die Milizen lernen langsam, wie man sich benimmt,
sie sind jetzt schon viel netter als am Anfang.“

Wir setzten unser Leben fort, so gut es ging,
und warteten auf Vater,
der in Kakhetien geblieben war und in der Stadt nun keinen Zutritt hatte.
Wir warteten, dass wir vom Bruder hörten,
der Bunker war doch nur zwei Schritte weit von unserm Haus entfernt.
Was hinderte ihn daran, heraufzukommen?
Und außerdem war ich in Hoffnung,
das Kind war für das Monatsende ausgezählt,
die Schwester lernte für die Uni-Prüfung
und hatte hier und da noch einen kleinen Job.

Wir glaubten nicht an diesen Krieg, auch dann nicht,
als mein Mann mit einer Knarre kam, die er unter seiner Jacke trug.
Er kam nach Haus
und flüsterte:
„Die machen wir zu Geld, sobald der Kleine da ist.“

Es hat gar keinen Krieg gegeben,
wir lebten nur in einer Stadt, die ausgebrannt war und geplündert,
in der es Dunkelheit gab, Kälte, Angst, kein Brot.

nach Interlinearübersetzungen
aus dem Georgischen von Lika Kevlishvili und Nana Tchigladze
nachgedichtet von Norbert Hummelt

Sozialer Rang

Der Vater eines getöteten Kindes besitzt in meinem Land sozialen Rang
und der besteht in ewigem Kampf,
bis dass er eines Tages zu sich sagen kann,
dein Kind ruht nun in Frieden. Denn
sein namenloser Mörder ist erkannt
und trägt in der Geschichte unserer Tage einen Namen.

Die Mutter eines getöteten Kindes besitzt in meinem Land sozialen Rang
und der besteht in untilgbarer Schuld und Schande.
Wie kann sie, derart bloßgestellt, jemals wieder ihrem Kind begegnen,
das fortgegangen ist aus dieser Welt. Sie kann ihm ja nicht sagen,
dein unerkannter Mörder trägt nun einen Namen.

Die Eltern haben jeden Kampf verloren.
So sehen wir sie und so stehen wir da,
zwischen Mördern und Ermordeten, reglos und starr,
und können uns nicht mehr in die Augen schauen.
Wir haben uns in Stein verwandelt.
Wir haben einen schiefen Wall errichtet.

So bleibt uns nur,
uns einzumauem in diesem Land, das Recht nicht kennt.
Mit einer Mauer, die die Lebenden sauber von den Toten trennt.

nach Interlinearübersetzungen
aus dem Georgischen von Lika Kevlishvili und Nana Tchigladze
nachgedichtet von Norbert Hummelt

Wenn Frauen singen

In deinen Gedichten wird ständig getrauert,
moniert mein Freund
und blättert verdrossen in meinen Entwürfen.
Kannst du nicht mal was Erfreuliches schreiben?
Denk doch einmal an singende Frauen,
denk dir ein Lied,
denk dir die Blumen,
die man ihnen verehrte,
schreib doch mal was über Straßen im Frühling,
wie sie ergrünen
und wie die Jugend in ihnen flaniert.

Ich hör, was er sagt, und sehe vor mir
die Bilder der lustig marschierenden Frauen
in den Straßen von Minsk
wie sie Blumensträuße tragen,
die so gut zum Sommer passen,
in ihren weißen, luftigen Kleidern,
wie sie eine Kette bilden,
wie sie singen
und die Stadt zum Klingen bringen,
als sängen sie ein Wiegenlied.
Sie haben sich ihrer Schuhe entledigt:
Barfuß stehen sie im Kreis und schunkeln.

Das wäre ein Stoff für ein leichtes Gedicht,
warum auch nicht,
die Straßen von Minsk voller heiterer Menschen,

...

warum auch nicht.
Nur leider marschieren sie aus Protest, sie kämpfen
und haben doch gar keine Chance.
Ich weiß Bescheid
und sehe vor mir, wie in kürzester Zeit
die Lebenskette reißt
und Polizisten sie mit Stöcken treiben
und ihre Stimmen, ihre Lieder
hinter den Gittern einer Zelle bleiben.

nach Interlinearübersetzungen
aus dem Georgischen von Lika Kevlishvili und Nana Tchigladze
nachgedichtet von Norbert Hummelt

Bei den Laistrygonen

Ich bin ein glühendes Blech
und die Zeit brät Fisch darauf
die frisch sind
verschlingt sie
löscht diese Glut
begräbt mich im Sand
bis eine neue Orgie da ist.

Ein Bulle im Majorsrang verlobte uns als er die Pässe zurückgab
aus dem Affenkäfig entließ
er meinte: ihr seid ein so schönes Paar heiratet ihr nicht – loche
ich euch für fünfzehn Tage ein
ich rufe an meinte er überprüfe. er rief nicht an überprüfte nicht
wir heirateten nicht
gingen Hand in Hand gaben Anlass für die vorgefasste Meinung
begingen zwei legitime Morde wuschen uns mit gefärbtem Wasser

aus dem Russischen von Robert Hodel

Folgeseite: nach Interlinearversionen
aus dem Polnischen von den Masterstudierenden
der Universität Mainz Janina Jodynis, Agata Okońska und
Katarzyna Piasecka unter der Leitung von Tomasz Rosmyslowicz
nachgedichtet von Sabine Schiffner

Urartu

Wer hat schon von Urartu gehört? Vielleicht ein staubiger Dozent
an einer Provinzhochschule. Seine Städte wurden niedergewalzt,
verschwanden im Nichts, wo Häuser standen, liegt Schnee und wächst
die Pinienwurzel und seine Schollen pflügte man um.

Einst gab es dort Priester, Stammesoberhäupter und Waisenkinder.
Generäle führten Intrigen gegen Eunuchen, Eunuchen
konspirierten mit Wahrsagern. Der Schuster belauerte sein ganzes Leben
lang die Werkstatt des Schneiders. Der Bäcker wollte hoch hinaus.

Von den Kochkünsten Urartus blieb noch nicht
mal ein Bund Radieschen übrig. Seine Lieder sind verklungen,
seine Märchen wurden in keiner Anthologie festgehalten.

Sogar seine Worte kennen wir nur aus den Chroniken
anderer Sprachen, die den Klang der leichten
Vokale und rauen Konsonanten von Urartu nicht wirklich wiedergeben.

Für unser Wissen über Urartu dient uns nur
ein Stein: Eine unbeholfene Statue mit einem ganz klein wenig zu großen Kopf,

und einige Keramikschüsseln mit Bandmuster.
Was würdet ihr sagen, wenn man euch später einmal

aus dem heiligen Joseph aus Gips ersehen wollte, oder

aus einem halben Glas von Ikea, oder nur aus Nylonschnipseln,
gefunden im Sand?

Bunker

I.

Die Angst vernichtete schließlich alle Farben.
Nun befinden wir uns hier, in jenem Bunker
aus Nachkriegszeiten, wo nur dem Präsidenten
ein Friseur zusteht; alle anderen ringen
um Luft. Einmal pro Woche teilt ein Assistenzarzt
warmes Essen aus: konservierter Horizont.
Alle ergrauten am zweiten Tag zur gleichen Zeit.
Draußen vibrierten indes die Farben,
überall rote Samtvorhänge, müde Strahlung.
Das Erwachen in einem Traum von Dale Cooper.

II.

Hier haben wir seit langem nur die Wahl zwischen taubengrau
und schneeweiß. Am Leben zu bleiben hat seine Tücken,
doch es wird erwartet, dass wir uns zu etwas bekennen.
Also klammem wir uns mit Lächeln und Klauen daran,
feige Menschen aus einer zynischeren Zeit. Die Glücklichen
aber erwarten mit verbundenen Augen und festlich
gewandet jemanden, der kommt und sie holt.

...

III.

Die Angst vernichtete schließlich alle Farben, wir
überleben dennoch, mechanisch. Wir haben ein Bett,
eine wellige Matratze, Tranquilizer gegen das Böse.
Wir zahlen die Stromrechnung, waschen Fingerabdrücke
vom Gesicht des anderen, üben Scheinleben. So ein
exzellentes Doppel hat die Welt noch nicht gesehen.
An Feiertagen prügeln wir uns grün und blau, um
die Erinnerung an Farben nicht zu verlieren.

aus dem Ungarischen von Orsolya Kalász und Peter Holland

Armee greift an

Hände hoch! Belasst Euer Glück im Kontext! Eine Geste wie diese fordert Eure Lieben und Euren Besitz. Jetzt oder niemals. Im Namen aller Unglücklichen.

Gut, wenn dieses ein Irrtum wäre, ein Akt der lyrischen Emanzipation, es kommt eines Tages daher, um Eure Gefühle zu bezahlen, damit das klar ist!

aus dem Französischen von Sabine Schiffner

Erzieherische Brutalitäten

Zum Schluss musste ich essen, die Angst im Bauch. Sie
haben so getan, als wollten sie den Hund töten:
Du schluckst die Suppe runter oder ich schlitz ihn auf (...)?
Ich habe den Mund aufgemacht,
Der Vater zählte die Löffel und hielt dabei das Messer am Hals des Tieres.
Ich habe die Augen zugemacht.
Die Mutter, mit einem Besen in der Hand, machte den Vorhof sauber, um den ganzen Teller herum:
Warum isst du Papier? Warum bist du nicht wie alle Kinder, die sich ernähren, wachsen und friedlich spielen?! Du bist ein ausgefranstes Knäuel! Sie werden dich nie in der Schule annehmen, du bist eine kraftlose Papierkugel, ohne Dornen, ohne Parfüm. Das nächste Mal, wenn du deine Augen öffnest, wach auf, denn sonst werden sie ein desaströses Buch über dich machen, du Herzchen!

Sie haben mich gezwungen zu beten. Ich habe nur ein suspektes langes Wort gesagt. Bald werden es 40 Jahre sein, in denen ich mich in der Sprache dieses unverständlichen Wortes ausdrücke.

aus dem Französischen von Christina Gumz

Die Fliegen

Bei Tagesanbruch entbindet sich das kleine Haus von seinen kleinen Dingen. Die kleinen dunklen Dinge schälen sich heraus aus ihren kleinen Schneeumrissen. Und das Innere des Lichts steigt aus seinem weißlichen Loch. Und das Äußere nimmt seinen Platz ein. Ein heißer Winter, ein sanfter Winter wird geboren. Das passiert in der kleinen kurzen Weile, dass die Nacht ihre Hydragedanken heilt

Rund um einen unnennbaren Namen vergehen die Gedanken während der kleinen Zeit der Gnade. Die Träume der Nacht wissen weder noch sagen sie noch verstecken sie ihr Schicksal, sie *verunglücklichen sich* nur im kommenden Tag.

Während dieser Zeit robben die kleinen Wortbabys bis zu den Mundwinkeln auf dem flachen Bauch. Niemand wagt es, sie aufzuwecken, so schön und schüchtern sind sie auf den Kissen der Sprache. Bei Tagesanbruch suchen sie mit dem Mund die Brüste der Dinge. Das ist die Zeit der besten Mutterschaft.

Heute, ist das Haus doppelt oder dreifach oder sogar unfertig. Der Mond hält sich noch an der Decke fest, während die Sonne mit den Staubkörnern Himmel und Hölle spielt. Das ist die Zeit der kleinen und unumkehrbaren Hin- und Zurücks. Früher, wie soll man die Seiten des Lebens um zu sterben schreiben? Die Türen führen nicht jedesmal zu demselben Ergebnis. Jederzeit kann es passieren, dass sie sich hin zu einer sumpfigen Umgebung öffnen.

In meiner Hand explodieren die kleinen Spielzeuge: kleines kristallines Bild, kleine weiße Fliege, Gattung Engelsfliege, kleines Zeichen, kleine tönende Spur, kleines bewegendes Gefühl.

Das kleine Insekt ist proportional zu meinem Leben. Mein Leben respektiert seine Größe.

...

Das Bild von der Fliege ist mein erster kleiner Eindruck. Die kleinen Anfänge und die kleinen Enden in Pirouetten zeigen mir die richtige Richtung. Vielleicht kann ich fliegen, wenn ich will.

Um das kleine Leben im selben Ökosystem zu beginnen und zu beenden, muss ich nicht mehr machen als die kleine Fliege zu betrachten, die kleine weiße Kieselsteine in die Luft des Hauses pflanzt.

Wie kann man es am besten sagen? Es gibt einen tropischen Wald am Morgen, in dem kleinen Haus, und alle Richtungen scheinen gut zu sein, außer dass.

aus dem Französischen von Sabine Schiffner

Die Godot

Lieben, ohne geliebt zu werden. Sich angewöhnen zu bezahlen. Sieben Mal denselben Tarif. Gerade hoch die Prophezeiung durchbohren. Durchstoßen. Eine Öffnung herstellen. Hindurchgehen. Einen Anschlag verüben auf das Leben anderer Worte. Quer durch.
Warten. Erwartetes. Es (sie) außer Kraft setzen zu antworten. Jemand, der nicht mehr liebt. Lebt nicht mehr, aber wird erwartet. 6 Glocken führen zum. Fall Godot.

Ausfräsen,
Erscheinen,
Kommen,
Kaputt gehen,
Durchlöchem,
Entziffern warum der Himmel nicht rosa,
Warum das Jenseits ein unerwünschter Strom ist.

aus dem Französischen von Christina Gumz

Die Frau-Dichterin

sie zupft sich das Geschlechtsteil,
breitet ihre Nacktheit auf einem Handtuch aus.
Angesichts des Hauptgerichts sagt sie zu sich selbst,
ganz einfach:
Essen wir davon.
Es ist nicht so, dass wir
in der Lage wären,
einer den Anderen zu retten.

Das, was ich schreibe
Das, was ich schreibe, wird uns immer erwarten.
Wie ein Schrei von der anderen Seite des Schweigens.

Das da zu sein
Angst vor der Angst zu haben,
macht das Dasein sich
eingeschränkten Mut.

aus dem Französischen von Sabine Schiffner

Georgs Versuche an einem Gedicht

1. Versuch:
heute früh beim Aufstehen
1. Versuch:
heute früh beim Frühstück
2. Versuch:
heute früh in der Straßenbahn überfiel mich das Gefühl
3. Versuch:
heute Vormittag überfiel mich das Gefühl daß
4. Versuch:
heute nach der Arbeit überfiel mich das Gefühl als ob
5. Versuch:
heute beim Abendbrot überfiel mich das Gefühl
6. Versuch:
heute im Bett überfiel mich das Gefühl als ob daß wenn

(nicht aufgeben)
(nicht aufgeben)

aus dem Tschechischen vom Autor zusammen mit Annette Simon

ich habe alte Männer gern die mir gefallen
ich habe selbstverständlich auch alte Frauen gern die mir gefallen
darüber hinaus habe ich auch die alten Männer gern die mir nicht_
gefallen
und auch alte Frauen die mir nicht gefallen
und darüber hinaus weiß ich noch etwas
ich weiß daß ich wiederum ihnen gefalle und weiß auch warum ich_
ihnen gefalle
weil ich mich so gut gehalten habe

aus dem Tschechischen vom Autor zusammen mit Annette Simon

Er schaut sie an und denkt:
Ich habe dieses unschöne Gesicht geküsst
Diese zerschlagenen Lippen
Diese östlichen Wangen
Diese Schultern, nackten, sonnengebräunten
Ich habe ihr Musik aufgelegt
Westslawische, lateinamerikanische
Ich habe mit ihr sozusagen lasterhafte Handlungen begangen
Doch aus irgendeinem Grund empfinde ich es nicht so
Sie gefällt mir nicht im Geringsten
Physisch nichts Vollkommenes
Sexuell Anziehendes
Und schon gar nicht verstehe ich
Wo warum wie wann und mit welchem Teil meiner Existenz
Ich mich an sie binden konnte
Ich kann nicht, will nicht, und doch versuche ich mich von ihr zu befreien
Und so bleibt sie wider meinen Willen, warum auch immer
In mir

aus dem Russischen von Robert Hodel

Wahlen in Donezk 2014

Sinnlose SMS
In die Zonen der Kriegshandlungen.
Die Adressatin – ein Mädchen.
Bot selbst hinzufahren an.

Wahlen im Osten.
Kleines Feuer in der Steppe.
Kampf um den Flughafen.
Die Stadt taucht ab in den Sand.
Die Stadt taucht ab ins Eis.
Ich dachte,
Ihrer Generation
Würde kein solches Schicksal zuteil.

aus dem Russischen von Robert Hodel

* * *

Nach den Lianen greifen,
die im Dschungel der Betonhäuser
ausgespart wurden,
und in der Küche der Großmutter
am vergessenen Fliegenpapier
kleben bleiben.

Der kindliche Schwung führt mich
zum Spielplatz zwischen den Plattenbauten,
hier kann nur der gewinnen,
der als erster
die Schaukel zum Überschlagen bringt.

Der kindliche Schwung führt mich
in die Küche,
wo mein Vater mich wegen des gefährlichen
Kunststücks am Arm packt,
aus dem Schwung heraus ohrfeigt,
und ich an der Tapete kleben bleibe
wie die Fliegen,

obwohl ich fliegen sollte
zu den echten Gefahren,
zu den echten Dschungeln.

aus dem Ungarischen von Orsolya Kalász und Peter Holland

Gefühle,
Semmeln eingeweicht in Milch

Vogelschreck der Form,
das Innere eines gut eingelebten
Handschuhs –
Gefühle, Semmeln eingeiweicht in Milch.
Doch was tun mit den Untergängen der
Sonne? mit der alten
Fibel, den alten Bildern des eigenen Selbst?
All diese Jahre mit Mittagsschlaf
zur Wand gekehrt
im stickigen Raum
wo ich mir
Beuschel-Gulasch kochte, vom eigenen Herzen –
als Beilage Gefühle, Semmeln
eingeweicht in Milch.

Palimpsest-Welt
schreibt sich selbst stets im Kreis vor,
mechanische Schleife
im Endlosstreifen:
Namen Orte Gesichter
Selbstbedienung der
Sekunden
Wägelchen, Spängelchen, Stafette, Spaghette
– zum Nachtisch Gefühle, Semmeln
eingeweicht in Milch.

...

Geld immer nur Geld
Erwachsensein bedeutet
mir einen Kaffee in meiner Wohnung zu machen,
wann ich will.
Zappeln und niederknien, schreist du
und kaufst wütend Sprotten und Muscheln
im Laden gegenüber,
zappeln und niederknien!
Ein Satz Basissätze
wie ein Satz Kompotte,
gib noch
Zitronensäure hinzu,
damit es lang hält:
Nicht sagen *Verzeih*
Statt *Ich verzeihe.*
- In der Schüssel beim Arzt
erbrochene Gefühle, Semmeln
eingeweicht in Milch.

aus dem Tschechischen von Daniela Pusch;
ebenso rechts

Familiengeschichten sind voller Löcher

Vater steht auf der Liste der Gestapo, die ihn immer
wieder in Retschkowitz suchen kommt, davon wird
Viola noch Jahre träumen. Also flieht er, landet
in Holland, zunächst bei Bolenka, der Frau eines
Kapitäns zur See, dann bei einer reichen Witwe,
die *fröhlich, lebhaft und kompliziert* war – so wird es
mir Jahre später ihre Freundin beim Kaffee über sie
sagen. Vom besetzten Holland will er weiter nach
England, doch werden alle beim Fluchtversuch
verhaftet, er allein kann sich retten: Professor Fischer
versteckte sich in einer Kiste. Ik had geluk, ich hatte
Glück, lesen wir unter dem Zeitungsfoto. Von der
Witwe kehrt er zurück nach Retschkowitz, doch
erst im September 1945, was tat er die ganzen vier
Monate?
– Familiengeschichten sind voller Löcher wie
Emmentaler,
nie sagen sie uns alles,
nie sagen wir ihnen alles,
alles sagen ist untersagt,
da muss Luft sein
für die Ratten
im Emmentaler,
damit er wohin ziehen kann
Luftzug der Geschichte
Luftzug der Dinge,
feine Dünste, freigebend Blicke
und Gesten.

Sechs Raben und sechsundzwanzig Wölfe

Für Nichita Stănescu

Zum Spott und Spaß überlebte hier
ein Rabenpaar.
Dort drüben ein anderes.

Früher floss bei dieser Gelegenheit Blut.

In Skandinavien wimmeln sechsundzwanzig Wölfe umher,
alle im Register verzeichnet.
Die stehen im Morgendunkel auf, um sich fortzupflanzen.
Der Norden verfügt allerdings über Fallen,
über Hunde-Sägen und Diplom-Hirten.

Man weiß es übrigens:
Die Wölfe begnügen sich auch mit Hundefleisch,

wenn es schon sein muss.

Die Raben nie.

aus dem Rumänischen von Horst Fassel

In der Sophienkirche in Ochrid

Während ich in der Sophienkirche in Ochrid
Raffael zuhöre, schleifen in den Großstädten
Arbeiter den Asphalt, graben Kanäle, bauen U-Bahnen,
schwitzen, trinken Joghurt und ärztlich verordneten Spiritus und
kühlen sich mit dem Wasserschlauch.

Raffael liest und gestikuliert.
Ich zähle die Holzsäulen der Kirche, vermerke
mindestens dreißig verschiedene Frauenfrisuren
und ebenso viele Arten von Hälsen.

Die Madonna mit Bart, das Fernsehen, die feierliche Atmosphäre,
der ärztlich verordnete Spiritus, in Brot getunkt hinuntergespült,
der Himmel besteht aus lauter Sternen, die Buchhalter sind ganz Auge.
Sie retirieren in eine allerhöchste Sphärenharmonie,
während ich Raffael zuhöre
in der Sophienkirche in Ochrid.

aus dem Rumänischen von Horst Fassel

eurasien

ich will ein embryo in deinen händen sein, eine sprengladung
    in deinem herzen
ein körper, den du abends vom rücken her aufschneidest
    und aus dem du mich
hervorholst, dein langes haar, die blau gewordene dunkelheit
ich kann an diesen abenden nicht sprechen,
an denen ich gerade so geboren werde, an denen ich gerade
    so nicht sterbe,
ich ziehe es vor, dass wir uns schon jetzt klar sind
über das datum, die stunde, den ort und die zeit, wann es
    geschieht.
auf den eurasischen feldern stöhnen hunde,
ungefütterte köter, mit kritisch wenig fett unter der haut,
ich wickle mich ein in einen wintermantel aus sibirischem fuchs,
    geschossen von einem wilderer,
der das tier gehäutet und verkauft hat,
ohne zu bemerken, dass er einen fehler gemacht und die welpen
    vergessen hat,
danach trinke ich cognak und weine
in einer dunklen und kleinen abstellkammer

aus dem Bulgarischen von Alexander Sitzmann

der blinde boxer

am nachmittag schließt er mit den flinken bewegungen eines leoparden
seinen mercedes auf,
eines schwarzen emigranten, dessen glänzende haut mit den schuppen
eines amphibiums bedeckt ist,
hervorgekrochen aus dem wurzelwerk der erde, wo es sich blind
und verantwortungslos
an die haut einer warmen frau geschmiegt hat,
die säfte ihres entzündeten munds aufgesaugt hat,
heute fährt er in die arbeit, er startet den motor, sieht durchs fenster,
und wenn nötig,
grüßt er das mädchen, das zerstreut am bordstein raucht,
in Genf gibt es spezialkliniken zur wiederherstellung
des geschädigten sehnervs, diese entzündung, mit der dein körper
antwortet auf die
kolonialländer, auf die zügel,
an denen sie dich in die residenzen des botschafters zerren,
gestern noch hast du in einem loch mit zwölf personen gelebt,
dich im gemeinschaftsbad gewaschen, in eine grube geschissen,
die waschbecken waren verstopft, voll schmutzwasser, in das auch
du gespuckt hast,
nachts hast du einen roman aus der jahrhundertwende gelesen,
während zwei deiner gefährten auf dem nachbarbett fickten,
heute ist deine tochter blind und lacht, bis ihr die luft wegbleibt,
während sie gegen die karosserie deines autos stößt,
gekauft von sozialhilfe,
du lächelst, wenn man guten tag zu dir sagt,
und spannst deine sehnen an
für den bekannten gruß

aus dem Bulgarischen von Alexander Sitzmann

gemälde eines holländischen meisters

wir können sehen, wie ein mann mittleren alters
aus zahnstochern hölzerne flügel konstruiert hat und
sich von einem der nebligen hügel im bezirk Zwolle
hinuntergestürzt hat wie ein junger bursche, vom wunsch zu fliegen ergriffen,
flieg, Zwolle, flieg,
wir wissen, er ist aus der psychiatrischen klinik in Gent geflohen,
er hat sich gesagt, ich halte es nicht länger aus, dass die schwestern
mein sperma trinken,
dass die ärzte mein blut lecken, ich selbst gedichte an die wände schreibe,
dass nur eine grüne pappschachtel und ein glas wasser auf meinem tisch stehen,
schlimmer als die bittere milch des wermutkrauts,
als die asche des feuers, das in meinen augen brennt,
Zwolle schickt eine e-mail an seinen arbeitgeber, dass er kündigt,
er will kein geld und keine abfindung,
die sauerstoffbläschen im wasserglas zerplatzen eines nach dem anderen,
ja, das wissen wir, während unsere beine wie blinde im krankenstuhl verharren,
wir bewegen uns auf eine betonwand zu, auf einen nebel, wir sind provinziell,
spannen die leinwand aus reiner baumwolle, sie ist weiß wie die kutteln
eines jungen kalbs,
die stundenlang in flüssigem kalk gelegen haben, unser auge öffnet sich,
sanft wie eine umarmung vor der gereiztheit,
wie ein flug eines einstigen provinzlers,
Zwolle kocht sich einen kaffee, bevor er einschläft

aus dem Bulgarischen von Alexander Sitzmann

rom

mit schnellen schritten mache ich mich auf zu deinem majestätischen geheimnis
ich betrachtete durchs fenster die müllfahrzeuge, nachts
fragte ich mich, wohin die weggeworfenen gehen, tagsüber stellte ich mir
dieselben fragen,
dies sind unsere stärksten tage, wenn ich die köpfe zahlloser
kreuzottern im mund habe, ihr nest, zusammengerollt zwischen uns, die weißen
schuppen und das gift, das ich in großen mengen schlucke, deine welt ist
eine spiegelung zerrissener bettlaken in deinen dunklen augen,
auf deiner haut, die dünn aussieht und glänzend wie die oberfläche einer pfütze,
deinem kopf, eingezwängt zwischen meinen schenkeln wie der kleine körper
eines neugeborenen, das bald ohne vertrauen ins leben zurückgelassen wird,
zahllose schöne männer mit den körpern römischer statuen, den immer
gleichen gesichtern erwarten mich hier oben neben jedem mülleimer,
an der straßenecke, wo sich alle zweifel kreuzen,
wozu wir überhaupt hier sind

aus dem Bulgarischen von Alexander Sitzmann

Morgenkaffee

Wenn ich morgens im Lefteris' Kafenion
meinen Kaffee bestelle
sage ich Griechischer Kaffee
Wenn ich nach Hause komme, werde ich Türkischen Kaffee trinken
Es ist möglich, dass ich in der gleichen Stadt beide trinke

Ich nuschle ein Lied
und mein Lied wird gemeinsam gesungen
Den Namen des Lieds habe ich vergessen.

aus dem Türkischen von Achim Wagner

Die Nase

ach das mit der der lunge na weiß nicht na weiß nicht naja
die nase trag ich hoch so fällt sie von alleine ab
verputz sie dann mit schmalz damit sie dichtet
bohr sie ins gläserne erdige sehloch von oben
lehn sie an die wand und dreh sie zum himmel
regen fällt hinein ich warte schniefe es ist schwierig regen
patsch patsch patsch so ist es mühsam zipfel füllt sich
blitz schlägt ein so ertränkt man das atmen na weiß nicht
die sache mit der lunge na weiß nicht naja
wenn dann kein tropfen mehr reingeht siedle ich drin
fische an süßwasser karpfen hecht und bartwels
unter wasser sie atmen unter wasser
sie schwimmen zerbeißen allmählich die scheidewand
so entsteht ein see ein durchlauf-
see
in der nase
die atmet
ohne scheidewand
allein
ach weiß nicht

aus dem Slowenischen von Urŝka P. Černe und Uljana Wolf

James Bond hatte recht und nicht recht

Der Morgen kommt immer, stirbt nie,
James Bond hatte recht.
Du wirst wach, hast wohl geschlafen, weißt nicht
wann oder wie, weißt, du hast dich in den Schlaf geweint,
weil die Augen rot sind und geschwollen.
Der Morgen kommt immer, stirbt nie, heute
ist der erste Tag vom Rest deines Lebens,
und ein Seil, von dem du glaubtest, es sei
stabil, ließ nach. Sicher, ein Seil kann wieder
geknotet werden, es hält wieder, doch was zerriss,
bleibt zerrissen, und eine Nahtstelle ist Nahtstelle,
damit man spürt, was sie zusammenhält, damit sie
erinnert an den Riss.
James Bond hatte nicht recht, in Lederschuhen
rannte er schnurstracks wie der Wind, Colt in der Hand,
sprang über Dächer, auf Kräne, steuerte
geraubte Hubschrauber, Flugzeuge, sprang
mal mit Fallschirm, mal sogar ohne,
raste in winzigen blitzschnellen Autos,
spielte Poker, nippte Wodka Martini – shaken,
not stirred – und starrte in Augen, Busen und zwischen
Beine tausender Beauties, die sich ihm eher früher als
später ergaben, der Reihe nach, anstatt
zu Hause Makramees zu knüpfen
aus zerrissenen Seilen.
Er wählte M und den Dienst für die Queen,
für sein Land, und doch sucht er seit 1962

...

nur die Herzensdame, Qs Erfindungen
lahm, all die schießenden, reanimierenden
Füller und Uhren, statt seine Beine zu Hause
in Badesalz zu aalen und all sein Menschsein
aufs Spiel zu setzen, um wieder zu flechten,
was aufsprang, was zerriss, was
nachließ, zu festen knotenlosen Seilen,
nahtlosen, kerblosen. James der vollkommene
Bond hatte nicht recht, als er die Welt
errettete, statt den Menschen, statt Mensch
um Mensch zu retten und wieder zu Paaren
zu ketten. Er als Einziger hätte es geschafft,
der Unsterbliche, Ewige, Diener der Gerechtigkeit, Sklave
der Liebe. Wo bist du, James Bond, die Queen
ist nicht die Einzige, die dich braucht.
Report for duty, Number 7.

aus dem Slowenischen von Urŝka P. Černe und Uljana Wolf

Bulgarien! Bulgarien!

(*Abzählreim*)

Katze Maus und Hund
die Erde die ist rund
Amerikas Revolvertasche
oder doch ’ne Whiskyflasche
Igel Hase Schwein
Europa steht auf einem Bein
den Stiefel aus Italien
den Absatz in Sizilien
fein fein fein
wo kann das andre sein

Katze Maus und Hund
die Erde die ist rund
Afrika als Schulterblatt
Skandinavien einen Köter hat
heiß heiß heiß
doch er ist ganz aus Eis
wie gerne würd’ er schnell
nach Süden mit Gebell
schade schade schade
Gott hält ihn an der Wade

Katze Maus und Hund
die Erde die ist rund
Amsel Eule Möwe
Bulgarien ist ein Löwe

…

vor einem Schälchen Meer
der Ozean blutig ringsumher
eins zwei drei
sie dreht sich stets dabei
ene mene muh
welches Land wählst du
ene mene meck
und du bist weg

(*so suchen sich die Seelen, noch bevor sie*
geboren werden, ein Heimatland aus)

aus dem Bulgarischen von Valeria Jäger und Alexander Sitzmann

Girl

Is there anybody going to listen to my story ...

Du legst dich zu dem Mädchen, das
sich vorher zu seinem Jungen gelegt hat, der
sich vorher zu seinem Mädchen gelegt hat, das
sich vorher zu seinem Jungen gelegt hat, der
sich vorher zu seinem Mädchen gelegt hat, das ...

Du legst dich dazu, schließt mit allen Gemeinschaft

Schau, das ganze All ist in deinem Bett
Ach, wieviel Gesellschaft in einem einzigen Mädchen!

aus dem Bulgarischen von Valeria Jäger und Alexander Sitzmann

Laùra

So einen Mann brauchst du, Laùra.
Nicht einen, der auf der Toilette leise pritschelt,
sondern einen, der brunzt, der plätschernd pisst,
der das Spülen vergisst, weil
... ich war gewöhnt, draußen zu gehen,
winters auf den großen Schneenachttopf,
wenn der Mond von oben starrt
und Sterne wirft wie Nierensteine.

So einen Mann brauchst du, Laùra.
Nicht einen, der mit dünnem Lächeln stammelt,
sondern einen, der beim Lachen das Maul aufreißt
und dir seinen schiefen Weisheitszahn und die gelben,
schon schartigen Tabakzähne zeigt,
und abends
O Rose in den Winternächten
voller Schneetreiben und Stürme!
und morgens
Sei wieder Knospe
einer cremefarbenen Rose, Laùra!

aus dem Bulgarischen von Valeria Jäger und Alexander Sitzmann

Meine Mutter liest Lyrik

2 Strudelblätter
1/2 kg Äpfel
100 g Kristallzucker
1 Messerspitze Zimt
40 g Semmelbrösel
40 g Butter
50 g Rosinen

Die Äpfel mit dem Hobel
in dünne Scheiben schneiden.
Die Semmelbrösel in der Butter anrösten,
bis sie braun sind. Die Apfelscheiben
mit den gerösteten Semmelbröseln, Zimt,
Zucker und Rosinen vermischen. Zwei
Strudelteigblätter auf ein feuchtes Tuch legen.
Den Teig beginnend von einer Seite mit der
Apfelfülle bis zur Hälfte belegen. Die Ränder
einschlagen und den befüllten Teig mit Hilfe
des Tuches zu einem Strudel rollen. Auf
ein Backpapier legen. Den Strudel mit
flüssiger Butter bepinseln und im Rohr
bei mittlerer Hitze ungefähr eine halbe
Stunde backen, bis er schön braun und
knusprig ist.

Bäckst du es, wird es ein Strudel,
doch bis dahin ist es ein Gedicht.

aus dem Bulgarischen von Valeria Jäger und Alexander Sitzmann

Bildungsroman mit Ende

Und er lernte zu gehen
und er lernte zu sprechen
und er lernte zu lesen
und er lernte mit Zunge zu küssen
sich zu verlieben und sich zu trennen
und sich wieder zu verlieben
seine Kinder aufzuziehen
und sich um den Weinberg zu kümmern
Trauben in Wein zu verwandeln
den Wasserhahn zu Hause zu reparieren
und er lernte in Demut zu altern
meisterhaft Figuren zu schnitzen
nachmittags mit den anderen Greisen
Schach zu spielen
sich in der Sonne aufzuwärmen
zu seinen Schmerzen zu sprechen
an einer Krücke zu gehen
...
so viele Dinge hat er gelernt
und jetzt geht er
vorbereitet auf etwas
das wir nicht kennen

aus dem Bulgarischen von Valeria Jäger und Alexander Sitzmann

Nietzsche und wir

D.S.

Am besten prügelt man sich hinter der Stadt,
wo niemand etwas sieht, wo die Erde
weich und schwarz ist. Nietzsche hätte uns gelobt,
wenn er uns dort liegen gesehen hätte, schlammverschmiert,
mit ihrem herben, warmen Geschmack auf der Zunge.

Dazu kommt noch, dass keiner sich um
die anderen schert. Sie lassen
die Sau raus, egal wo, einfach drauflos.
Sie prügeln sich blindlings, am helllichten Tag,
auf dem Asphalt, vor allen.

aus dem Polnischen von Doreen Daume

Archäologie 1994

Vergangenheit nenne ich Tomaten,
fleischig und nach Mehl schmeckend,
die ich eines Tages gegessen hatte,
mit dem Rücken an eine schmutzige Mauer gelehnt,
gedankenlos und starrend, ich weiß nicht

wohin. Das Leben hatte keinen Grund gebraucht,
keine Rechtfertigung gesucht.
Die Zeit hatte ich im Zug verloren, auf der endlosen
Reise durch ein Labyrinth von Strömen, Geleisen
und Brücken. Meine ganze Zukunft sollte
die ans Fenster gedrückte Nase sein (mir fallen
in der Luft flirrende Splitter ein,
als hätte jemand über der Stadt eine Decke
voller Reste ausgeschüttelt – ich weiß nicht, warum
gerade das). Wir sind zusammen reif geworden:

Der Stein, die Blume, der im Gras stecken gebliebene Waggon
mit dem rostenden Dach, die trockene
Leinwand eines berstenden Baumes – nirgendwohin
wollte man zurückkehren.

aus dem Polnischen von Doreen Daume

Schlachthof

Bei uns ist alles beim Alten.
Es war nicht gescheit von mir, zu glauben dass es auch
anders sein könnte.

Das Meer mit der Farbe einer abgetragenen Montur:
Du hättest es auswringen, den Kopf hindurchstrecken
und wie einen ausgewaschenen Pullover tragen können.

Wir stapeln Kisten zu Pyramiden, rauchen
billige Zigaretten, lachen uns schief über die Betrunkenen da auf der Bank.
Straßenköter laufen im Kreis herum, zertrampeln Scheiße.

Schon seit langem haben wir fast nichts Menschliches mehr an uns.
Wir haben keine Hemmungen, wir stinken nach Fleisch.
Weder morgen noch sonstwann erwartet uns etwas Interessantes.

Auf der Rampe warten rosa Schmetterlinge aus Schweinsohren
auf den Abflug.

aus dem Polnischen von Doreen Daume

Aussicht vom Hinterhof beim Jud'

Der Großvater starb im Sessel sitzend,
seine Augen wollten sich nicht schließen.
Er blickte leblos auf den Güterwaggon,
der auf dem Nebengleis des Bahnhofs „Łódż Fabryczna"

mit Gras zuwuchs. Jetzt segelt er tief in der Erde,
eingeschlossen im vorgeformten Futteral des Sarges,
wie ein wertvolles Instrument, das unsichtbare Hände
immer weiter- und weiterreichen. In diesem Haus

wohnen fremde Menschen. Der Bazar ist beseitigt,
der Fahrraddieb im Knast, das Tor der Straßenbahnremise
mit roten Backsteinzubauten plombiert; auch der Springbrunnen
hinter dem Tor
ist ohne Leben, dafür voller Abfall und modriger Blätter.

Ich schaue auf den vertrockneten Maulbeerbaum unter dem Fenster.
Ein Feuer lodert in meine Richtung.

aus dem Polnischen von Doreen Daume

Rache

ich mach dich
fertig

mit nur einem
Gedicht

auf der Buchmesse
in Leipzig und
Warschau

in der Buchhandlung
an der Ecke

auf dem Flohmarkt

auf amazon

du nimmst
das Buch
öffnest es mit
zitternden
Händen

ich mach dich
fertig

mit nur einem
Gedicht

Tumbleweed

meine Gedanken
wie tumbleweed

es ist Nacht
es ist Tag

ich wälze mich
im Bett das
nicht mir
gehört

in einem
fremden Haus
in einer
fremden Stadt

meine Gedanken
wie tumbleweed

verwüstet
die Nacht
verwüstet
der Tag

das Licht
im Treppenhaus
verglüht

was fehlt
ist die Nacht
mit dir
am Tag

Liebchen

am liebsten

würde ich
die Passagen
überspringen

deine Blicke
fangen

deine Hand
festhalten

dir ins Ohr
flüstern

was ich
mit dir

machen
möchte

am liebsten

Dörflein im Tale

Das, woran ich mich erinnere, sind Hände,
denen Heugeruch noch haftet an. Gebadet
hätte ich im Schweiß des Körpers, zu ich kniffe
Augen, blinzelnd, unterm Licht von Wonnen, Sterne
plumpsten in das weiche Gras der Nacht. Und schon
dämmerten die ersten Bildschirme, auch Schiffe
schwammen durch das Weltall, Satelliten beugten
übers Feld sich, blass, wie Heiligengesichter.
Und auf einmal wusste ich es nicht mehr, welche
Wörter welche Zungen sprechen, welche Hände
man verwenden kann für ein Behüten, welche
man heranzieht gegenteilig für ein Töten.
Eingestellt auf einen Tag so nur mit mir war ich
nicht. Dort ein Kaninchen, und dort du,
dort ein Plastikstuhl, dort einer noch aus Stroh, dazwischen
lief das alles ab als unser Leben. Wie ein
Fremder schon schreite ich durch den eigenen Hof,
träumte weiter hier nur von Händen, die riechen nach Heu.
Statt deines Gesichts sehe ich da nun weiße Ikonen,
mitten in solchen Nächten, wo beugen die sich
über einer Bettstatt gar fiebrige Stirn.

nach Interlinearversionen
aus dem Slowakischen von Slávka Rude-Porubská
nachgedichtet von Christian Steinbacher

10.000 November

Heute früh habe ich dich getroffen
10.000 November hast du gebraucht
Um aus dem Sternengestrüpp zu kommen
Der Ganges fließt, die Milchstraße auch
Meine Tränen sowieso
Egal, ob ich verliere oder nicht
Aus mir wird kein Alain Delon
Und Buddha schon gar nicht
10.000 November hast du gebraucht
Um dich auf diese Website zu verirren
Es war ein verregneter Abend
Aber ich weinte überhaupt nicht
Nur die Donau floss wie gewöhnlich
Vor der Trinitarierkirche
Vergaß ich dein Gesicht
Und alles, wovon ich rede
Verschwand hinter deinem Körper
Oder befand sich über oder in ihm
Wodurch der immer weiter absank, immer tiefer
Bis dorthin, wo auch ich verschwand
Und vielleicht die Ära der Menschen aufhört
Und du, als ob nichts wäre
Nach den 10.000 Novembern, die du brauchtest
Um durch die Ritzen zwischen den Sternen zu kommen
Nach 10.000 Hagebuttenernten auf den brachen Feldern
Machst du ein Drama aus der Frage
Ob du auf einen Tee mit mir kommen sollst oder nicht

...

Erzählst mir was von einem Marshäschen
Von Thermo-Ohren, die du auf einer Ausstellung in Nueva New York
gesehen hast
Und von Fair-Trade-Liebe
Na schön
Du hast 10.000 November gebraucht
Um zu kommen
Da kann ich wohl noch einen Moment warten
Bis wir zusammen auf einen Tee gehen
Oder sonstwohin
Wo die Lampen erlöschen oder Sterne oder Augen
Sei still jetzt und trink, was der Himmel uns kocht

nach Interlinearversionen
aus dem Slowakischenvon Slávka Rude-Porubská
nachgedichtet von Sylvia Geist

Bring mich zurück in die Heimat
(wo niemand mich erwartet),
meine Heimat hängt an Flüssen
aus dichten Bäumen, einer dem anderen stark,
meine Heimat, die sich fern von deinem Norden in ihre Grenzen geschickt.
Verstreu' mich, wenn der Tag sich neigt, in den Hügeln,
wirf mich auf Wiesen und Mädchenbrüste,
verliebt unterm Sommermond.
Verstreu' mich mit deinen weißen Händen
und lies meine Asche mit deiner Oberlippe.
Lass mich dort zurück, wo die dunklen Wälder beginnen,
die gelbschnäblige Amsel erkennt mich schon und die *peligòrga* im Tal.
Wenn der Frühling keimt, du wirst sehen,
werden auf mir Hagebutten wachsen
und die frischen Stacheln des Weißdorns

aus dem Italienischen von Stefanie Golisch

Dein verführerischer Tod,
den sie unter Tänzen und Kinderrhythmen
in der roten Erde Louisianas begruben, ich sah sie
über deinem Leichnam.
An Stelle des blutfleckigen Kreuzes,
ein Grashalm von Whitman,
den die Neger Alabamas pflückten,
um ihn am Tag der Auferstehung
unseres gedemütigten Gottes
in Greenwich Village zu verkaufen.
Das letzte Tier einer aussterbenden Rasse bin ich,
Opfer der Nicht-Geschichte,
vor der Diktatur floh ich, die Freiheit verwundete mich,
wem nur soll ich die Liebe zu meiner Heimat anvertrauen
und diese noch unvollendeten Verse

aus dem Italienischen von Stefanie Golisch

Lebewohl, meine Heimat,
ich bin fertig mit dir.
Meine besten Jahre gab ich dir,
doch deine Gleichgültigkeit war grenzenlos.
Lebewohl, Heimat,
deine Sänger hast du in den Wahnsinn getrieben.
Lebewohl, Scholle der erschöpften Ahnen,
du hast die Erinnerung an deine unwürdigen Kinder begraben.
Auf deinem Boden sind meine Wunden tiefer geworden,
in deiner Erde meine Verse zu Abgründen.
Aus deiner Heimat breche ich auf,
gedemütigt,
in meinem vor Wahnsinn zitternden Leib,
fort aus den vergewaltigten Städten.
Nur die Erinnerung an wenige Freunde nehme ich mit
und den Gesang des Kuckucks in den Hügeln von Harbor

aus dem Italienischen von Stefanie Golisch

es wurde ziemlich lang überlegt, schließlich sich festgelegt
Bohrstelle leider verfehlt, Bohrer verquer
Lochabmessung verkehrt, die Farbe abgeplatzt
Schmiere verspritzt

der Kunde fix und fertig, fleht, aber was will man machen
es ist jetzt schon alles erledigt
Finanzhahn abgedreht

unterm Strich aber fand doch eines wieder zum andern:
da ist eine neue Oberfläche
grüß dich, Drillbohrer

aus dem Russischen von Anja Utler

der Kleber hält nicht
und die Augenfarbe ist ein bisschen anders die Haarfarbe Größe
nicht zu weit aufklappen
ein ehrliches Gesicht machen an der Grenze
und lächeln
dass man die Nähte nicht so sieht
dafür ist der Name geschmeidig und der Nachname
das Alter verdächtig gering
aber die Wasserzeichen sind so
dass man überhaupt nicht zittern muss
sollte jemand dir forschend ins Gesicht blicken

aus dem Russischen von Anja Utler

du musst nicht glauben, dass das ein Obdachloser ist
der hat nur seine Schlüssel verloren
und übernachtet nun schon den vierten Monat auf den Stufen
zu diesem Möbelgeschäft

es wirkt so als sei es nicht bequem für ihn
die Körperhaltung so gekrümmt
aber in Wirklichkeit ist das ein Akrobat
der so viel besser schlafen kann

woher willst du das wissen, dass er tot ist
du glaubst, er atmet nicht
was erwartest du von einem so fortgeschrittenen Yogi
die können für mehrere Jahre die Luft anhalten

ja, um genau zu sein, fast für immer

aus dem Russischen von Anja Utler

Düsterhelle Jahre

Nachts
schlug mein Vater meine Mutter, Tropfen für Tropfen,
auffangend ihre Tränen,
damit ich
am Morgen
mich waschen konnte,
bevor
ich in die Schule ging …
…

Jetzt schlägt meine Mutter nicht,
aber irgend jemand
Nacht für Nacht
sammelt ein
Tropfen für Tropfen
meines Vaters Augenlicht,
damit …

Was wird morgen sein?

Nicht, dass ich mich plötzlich zur Schule verspäte …

aus dem Armenischen von Agapi Mkrtchian und Helmuth R. Malonek

Odyssee

Die Poesie aßen wir,
bei einer Tasse Kaffee rauchten wir
die Stille,
vom Tod entfernten wir uns, Farben kauend,
dennoch schauen wir wieder auf das Wort.

aus dem Armenischen von Agapi Mkrtchian und Helmuth R. Malonek

Kampf um das Lebenselixier
oder vom Denkmal zum Menschen

1

Kampf um das Lebenselixier
oder vom Denkmal zum Menschen,
zu den in des Staates Fischkonserven
eingereihten Menschen,
die am Leben erhält
der Chemieindustrie schweres Öl,
das von uns allen verdaut wird
(nur um fortzubestehen),
das zum schwerelosen Rauch wird,
sich in den Äther erhebend,
ein Skelett, vergoldet, im Innern Würmer ...

2

Ich muss überwintern
in Denkmälern,
in deren hohlem Inneren
wird mich niemand finden.
Nur der KGB und sein
Anstifter, das MWD
können verweisen
auf meine Fußspuren,
jeden Tag werde ich erschaffen
eine kleine Welt,

...

bis die Erdkugel in die Poesie hineinpasst,
sich in den Vers hineinquetscht,
wie eine schuldige Geißel,
wie ein kleines, unschuldiges Kind,
dessen Zukunft in seiner Mutter Auge ruht …

aus dem Armenischen von Agapi Mkrtchian und Helmuth R. Malonek

Alarm:
alles vergessen vergiss
das nicht
bevor der Horizont in die Brüche geht
spiegelt er den Fluss im Himmel
dort in Siebenbrunn
ein verletzter Rehbock im Zwillingssprung
durch den Raum heben
                und
senken sich   die Grenzen
(der Stacheldraht wird von beiden Seiten
angehoben für einen menschlichen Körper)
Christus hat niemals auch nur ein
          einziges Wort aufgeschrieben
alles vergessen vergiss das nicht

(*16. April 2016*)

aus dem Slowakischen von Anja Utler und der Autorin

Alarm:
innen drin ist ein Tier
streckt sich zu allen vier Seiten
die seidigen Nüstern berühren das Herz
es atmet in dir und du mit ihm
verbeißt sich: streichelt
den Körper dieses anderen in dir
du übernimmst seine Sehnsucht:
durch die Kehle gestürzte Selbstlaute

Tage und Abgrund geschichtet
im Wechsel der Richtplatz
Armaturen...Licht
eine große weiße kahle Wand

aus dem Slowakischen von Anja Utler und der Autorin

Alarm VII: ein Garten voller Erwartung (double jump) unter jeden Zaun
lässt sich schlüpfen: über jeden springen: durch die Natur legen wir einen
Riss: wenn du an einem Ort voll Schmerz bist suchst du einen ohne: suchst
eine Stelle wo diese Kälte nicht schmerzt bis in die Knochen: alle Stellungen
sind langsam aufgebraucht:
ohne zu antworten schweigst du…

ich bin vor dem falschen Tor

aus dem Slowakischen von Anja Utler und der Autorin

* * *

sollte es einmal passieren
und ich wäre wieder ein andrer
Würd ich ihm sagen
Acht soll er haben auf Sumpfdotterblumen

die sind nämlich häufig viel gelber
als Sonne

aus dem Tschechischen Peter Gehrisch

Begrabt mich nicht zu tief

für Marcela Mikulášková

Als das Feuer in meinen Vater
hineinbiss
flammte ein völlig anderes Licht auf
in seiner Hitze
bekam das Gedächtnis
sanftere Töne

Ja, Herr Dekan
wie ein Stück Lumpen verbrannte er nicht
Er flog bis zum Himmel der Feuerhalle hinauf
und lachte
bitter – anders konnte er's nicht
doch glücklich

Nie hat ihn jemand
so fröhlich gesehn

aus dem Tschechischen Peter Gehrisch

Fenster ohne Fähnchen

zum Ersten Mai
lehnte der Vater es ab
papierene Fähnchen
ans Fenster zu kleben

die Nachbarn mit einer Tochter die in Amerika war
warnten
wenn ihr
den Sohn zur Schule dann schickt
fehlen die Fähnchen
in der Bewertung

aus dem Tschechischen Peter Gehrisch

Ankunft

Die Zugfahrt war lang
Doch erst die Neonlichter
an der belgischen Autobahn
machten die Änderung sichtbar

Böhmerwald Prag Frankfurt am Main
Bonn Aachen Lichtenbusch Lüttich

In Brüssel (Le Petit Château)
Fingerabdrücke abgegeben
für das wertvollste Stück Papier

Danach zum ersten Mal
gekochte Muscheln gegessen
den gefallenen Engel
in der Kathedrale
von Lüttich besucht
über die Maas geschaut
in alle Richtungen

frühling

ich schaffe Ordnung wische drei stunden lang
mit dem putzlappen lasse den Staubsauger an
den teppich aufgerollt – ein schmutziger
pfannkuchen mit steinchen
was passiert in nordkorea
bücher stürzen vom regal
kein platz
ich schaue mich um
ob die selbstverbrennungen aufhören
stopfe alte verpackungen alte zette! in umschläge
fängt das morden wieder an
steht ein neuer aprilaufstand an
habe angst
wird die kirschbaumkanone schießen
ob die bäume der schattenmorellen
bei der aiexander-nevski-kathedrale
wieder blühen

aus dem Bulgarischen von Rumjana Zacharieva

ich will

an m.b.

sag nicht dass es körper ist
das ist es nicht
es ist eher ein organ
die hypertonie schläft
der tod rückt beiseite
das herz betritt den garten nicht
schont die füße
schwebt wie ein engel in der luft
und weiter zum date
beharrlich wie ein magnet
triumphiert es den wegweiser erblickend
den steinernen thron am ende der allee
darüber den strudel aufgeblühter magnolien
darunter die mutter mit zwei töchtern
zart schlagendes herzgeflüster
es setzt sich ins gras
und glückliches lachen
fließt

aus dem Bulgarischen von Rumjana Zacharieva

Ich lebte einst in den Emiraten.
Genoss den zärtlich-milden Tageslauf.
Ich ließ die Seele im Wasser baden.
Im Gewitter blitzte der Hafen auf.

Dahinter waren Dampfer dicht gereiht.
Rauchschwaden stiegen aus den Kaminen.
Das Gefühl der fehlenden Freiheit
ist mir leer und leicht erschienen.

31. März 2007

aus dem Russischen von Robert Hodel

Leicht und rätselhaft leben,
wie die französischen Surrealisten,
am Ufer der Seine flanieren,
unter Brücken logieren,
Kastanien auf Kohlen rösten...
es will nicht recht gelingen,
Fröste unter minus dreißig,
rundum lauter Realisten:
Stalin, Beria, der Schreckliche
und andere
russische
Eisgesichter

9. Februar 2006

aus dem Russischen von Robert Hodel

Schwingungen der Leere

Bei diesem Spaziergang durch das Leben
bin ich nichts und niemandem mehr ähnlich –
weder dem Schneefall irgendwo in einem weit abgelegenen Kaff,
noch einem vergilbten Liebesbrief auf dem Trödelmarkt,
noch einer angesengten Wimper, –
gar keinem Wesen mehr.

Die Menschen rundherum starren in ihre Handys
wie in Spiegelscherben,
die jedoch nur den Hintergrund widerspiegeln
und nicht sie selbst.

Sie fühle sich von mir angezogen – sagt mir die Leere mit ihrer Körpersprache
und während ich nach ihren Genitalien suche,
wickelt sie mich in das durchsichtige Leichentuch ihrer Arme ein.

aus dem Georgischen von Sabine Schiffner

Die Wirklichkeit der Nacht

Die Tür ist so fest zu,
als wäre sie nur von außen aufzumachen.
das Licht scheint gar nicht mehr,
als hätte die Wand den Schalter gefressen.
Und eine Stille steht,
als stünde sie auch überall woanders.

Irgendwo dort oben, am Nachthimmel,
von ferner erscheinend als er tatsächlich ist,
leuchtet jetzt ein Stern auf,
so wie das Handy im Dunkeln
am anderen Ende des Zimmers,
als deine SMS ankommt.

aus dem Georgischen von Sabine Schiffner

Das Blut

Was ihr gewünscht habt – habt ihr bekommen! –
sagt die Epoche der Sozialen *Netzwerke* –
ein Gesichtsausdruck für alle und dann ist alles bestens,
jeder in seiner Finsternis
mit seinem mondrückseiteähnlichen Gesicht,
ich ficke eure Gesichter, die ihr nicht mehr *braucht* –
sagt sie und man kann nicht sagen, dass sie sich irrt,
zumal sie sich die Realität erschafft,
lungert herum wie ein versoffener Inquisitor
an den Orten der Ökumene,
wo die Gesichter die Schwingungen ihrer Gesichtszüge
immer noch miteinander teilen,
wie hoffnungslose Kranke
die Berichte über wundertätige Kräuter,
so treibt sie sich herum wie ein Weiser
mit zerzaustem Haar und ungepflegtem Bart,
geht in Kneipen, nippt am Bier
und sättigt sich mit Daumenlutschen.

Aber wenn du mal siehst,
dass die Blutung der Welt durch nichts mehr zu stoppen ist,
dann glaubst du immer weniger,
dass die Epoche oder Menschen daran schuld sind,
dann denkst du etwas Anderes –
du denkst, dass Blut ein Gleitmittel ist,
nötig zur Begattung von Leben und Tod,
dass an den Menschenerschießungswänden, aufgeschnittenen Venen,

...

angesetzten Skalpellen und Metzgermessern,
unweit von den aus den Körpern herausgenommenen Kugeln,
in den Labors mit blutigen Reagenzgläsern,
überall dort, wo das Blut außerhalb des Körpers ist,
Leben und Tod ihr Liebeslager aufgeschlagen haben
und wie göttliche Vampire verschmolzen
sind.

aus dem Georgischen von Sabine Schiffner

Facebook-Post

Das ist ein Post, und das ist ein Kontrollposten im Osten.
Unsere Verluste: fünf Blockierte, sechs Tote.
Alle sind verwundet – Merkel, Zeilen, Watniks, Ukropen,
irgendwo in der Steppe liegen verminte Götter.

Dieser Sommer lebt ohne Helm und Schutzweste,
das Netz-Bataillon Kuban gegen unsere Sofatruppen.
Eine kakifarbene Tablethülle ist für dich das Beste.
Zeit ist Ohrenschmalz aus dem Schuppen.

Was tat ich letzten Endes für mein Mädchen:
streichelte ich mit dem Cursor ihre Nippel und Ohrläppchen?
Sie brannte darauf, mich zu heiraten, jetzt tritt sie mir in die Hoden.
Bläst sie dem Oberst einen, werde ich sofort eingezogen.

Gesegnet seien ihr Lacoste Shirt, Highspeed-WLAN,
eure Likes und alle Follower von Silicon Heiland.
Helden sind unsterblich, weil Helden nie trollen.
Das ist der erste Kontrollposten vor dem belagerten Troja.

aus dem Russischen von Sergej Tenjatnikow

Nichts

Es gab früher nichts, das heißt –
es gab ein aus dem Nichts bestehendes Alles –
die Leere im unendlichen Angebot.
Suche dir alles aus, was du willst: Wodka oder Wodka,
und wenn dir Wurst über den Weg läuft,
dann grüße sie höflich.
Am Anfang war das Brot,
und denke daran mich anzurufen,
Schnapsgläser finden sich immer.
Und wenn es gar ein Nichts-nichts gibt,
dann kommen verschlafene Frauen,
das beste Stück vom Nichts, attraktiv,
danach kommen Kinder
und sagen, warum kommt aus dir nichts,
deine Gedichte sind nicht schlecht,
aber ist das Krieg oder Wodka?
Das ist alles, antworte ich. Das letzte Alles,
und Schnapsgläser finden sich immer.

aus dem Russischen von Sergej Tenjatnikow

Klang der Epoche

Dir geht es gar nicht so schlecht.
da zieht eine Spinne den Faden ein,
und hier ertönt ein launischer Klang der Epoche –
versuche ihn aufzufangen.
Da fährt ein Schiff, hier bellen die Delphine,
das Schicksal ist ein Gefäß voll Mulm:
wie schade, dass man wegen Gedichten
nicht mehr verbannt, getötet wird wie früher.

aus dem Russischen von Sergej Tenjatnikow

Das Wiegenlied für das Buch

Ich schlucke wieder aus der Flasche
krimtatarische Fremdherrschaft.
Neben mir liegt ein aufgeschlagenes Buch.
Schwüle. Mir ist nicht zum Schlafen
zumute. Die Spielmarke eines Trockenfisches
im schwarzen Quadrat des Fensters.
Schlaf, mein altes Buch, träume vom Frühling.
Das ukrainische Winniza ist
ein betrunkenes Nizza, alles,
was dem Schicksal gefällig ist ...
Nur keine Seite mit Fleisch,
nur keine Asche im Schornstein.
Der Donner einer vorbeigeflogenen MiG,
des Morgens gezackter Rand.
Schlaf, mein altes Buch,
lies mich nicht mehr.

aus dem Russischen von Sergej Tenjatnikow

Paul Celan

Als junger Mann arbeitete er in einer Fabrik, obgleich jeder sagte, er sehe eher wie ein Professor der Klassischen Philologie als wie ein Fabrikarbeiter aus.

Er war ein schöner Mann mit einem schlanken Körper, der sich mit einer Mischung aus Anmut und scharfer geometrischer Präzision bewegte. Sein Gesicht trug eine Prägung von Lachen, als hätte keine andere Emotion je sein Gesicht berührt. Selbst in seinen Fünfzigern zwinkerten ihm die neunzehnjährigen Mädchen im Zug oder O-Bus zu, fragten nach seiner Telefonnummer.

Sieben Jahre nach seinem Tod sah ich Celan in seinem alten Morgenrock allein im Schlafzimmer tanzen, zu jedem Schritt summend. Es störte ihn nicht, eine Figur in meinen Geschichten zu sein, in einer Sprache, die er nie gelernt hatte. In jener Nacht sah ich ihn auf einem Hausdach sitzen, er hielt nach der Venus Ausschau, rezitierte Brodsky für sich. Er fragte, ob seine Vergangenheit überhaupt existierte.

aus dem Amerikanischen von Alexander Sitzmann

Tanzen in Odessa

In einer Stadt, die gemeinschaftlich von Tauben und Krähen regiert wurde, deckten die Tauben den zentralen Bezirk ab und die Krähen den Markt. Ein tauber Junge zählte, wie viele Vögel im Hinterhof des Nachbarn waren, und kam auf eine vierstellige Zahl. Er wählte die Nummer und gestand der Stimme am anderen Ende der Leitung seine Liebe.

... Mein Geheimnis: Im Alter von vier wurde ich taub. Als ich mein Gehör verlor, begann ich, Stimmen zu sehen. In einer überfüllten Straßenbahn sagte ein Einarmiger, mein Leben werde auf mysteriöse Weise mit der Geschichte meines Landes verbunden sein. Mein Land jedoch ist unauffindbar, seine Staatsbürger treffen sich in einem Traum, um Wahlen abzuhalten. Er beschrieb nicht ihre Gesichter, nur ein paar Namen. Roland. Aladin, Sindbad.

aus dem Amerikanischen von Alexander Sitzmann

Einmal, als Eka Kewanischwili

Eines Tages wollte Eka Kewanischwili so gerne ein Gedicht schreiben.
Das Gedicht sollte über ein Erdbeben sein, das in einer kleinen Stadt geschah.
Aber sie dachte: Ich wasche nur noch eben diesen Haufen Wäsche und dann.
Sie dachte, ich will nur noch eben dieses Essen kochen. Und die
Gartenkräuter müssen auch noch geschnitten werden.
Außerdem werde ich nebenher die saubere Wäsche aufhängen,
ich hänge sie selber an die Leinen.
Von den zehn Wäscheklammern werde ich drei auf den Balkon
von Rita Esebua fallen lassen.
Manchmal sogar eine Unterhose. Das macht doch nichts.
Sie dachte, komm, ich werde die staubigen Bücher mit einem Lappen putzen,
dabei werde ich sie aufschlagen –
Manche Sätze werden mich an Geschichten erinnern,
ich werde in längst vergangene Abenteuer hineinschleichen – so bring´ ich die
Sache hinter mich, das wird auch als Lesen akzeptiert.
Das Gedicht werde ich bis dahin im Kopf schreiben, dachte diese
unsere Eka Kewanischwili,
die einmal im Untertitel eines Trailers von einem Fernsehsender
als junge georgische Dichterin bezeichnet worden war.
Dachte sie dann
an den Müll, der weggeräumt und an das Gedicht,
das geschrieben werden sollte?
Sie zog sich über ihren Hausanzug einen Ausgehmantel und rannte
mit der Plastiktüte voller Müll die Treppe runter.
Das Gedicht aber kam mit ihr und es wollte aus ihrem Kopf rausspringen,
so lange schleppst du mich hin und her, unerhört, stört dich das denn nicht?
Eka erwiderte ihm aber, warte doch eine Weile, guck mal,
im Tonofen backen noch Brote,

...

gleich nehmen wir sie mit nach Hause, währenddessen stellen wir
die Sache fertig.
Als sie nach Hause kam, da gab es schon einen Aufstand der Wäschehaufen,
die darauf warteten, gebügelt zu werden.
Die Hemden und die T-Shirts empörten sich–warum sollten wir als letztes
drankommen, seit zwei Wochen liegen wir jetzt hier herum.
Na gut, antwortete ihnen die Dichterin Eka Kewanischwili,
gut, ihr seid doch extra knitterig, sagte sie und ihre Laune fing an,
besser zu werden.
Das Gedicht aber wurde im Kopf weiter und weiter geschrieben,
ein Satz folgte auf den anderen – und es war, als ob die Erde erneut zu beben
beginnen würde und na ja,
aber als die Zeit kam, einen Punkt zu setzen, hörte sie es an der Tür klingeln.
Da kam der hungrige Mann, müde von der Arbeit und setzte sich
an den Küchentisch.
Dann werde ich ihn erst füttern, dachte Eka Kewanischwili und stellte alles auf
den Tisch, was sie vor einer Stunde zubereitet hatte.
Ich wasche dann auch das Geschirr ab, dachte sie.
Und wusch
und bügelte
und räumte auf
und wischte ab.
Und schrieb dies hier, dieses Gedicht, das Eka Kewanischwili
schon den ganzen lieben Tag lang schreiben wollte.

aus dem Georgischen von Sabine Schiffner

Als ich liebte, dachte ich, dass ich klein bin

Ja, als ich sehr liebte,
verglich ich mich mit meinem Ich,
und es war besser als ich.
Ich vergaß alles, was in ein Ohr hineinging,
bis es das zweite Ohr erreichte.
Heute kann man darüber sprechen –
die vielen Jahre sind im Reibeisen
meines Halses zerrieben.
Verschluckt – verdaut.
Ich dachte, dass ich nicht gut genug bin,
weshalb ich wie verdorbene Sachen
zur Seite gelegt wurde.
Ich dachte,
dass ich verkehrt herum geboren wurde,
dass ich dabei meine Mutter
mit den Füßen zertreten habe,
weil ich nur so warten konnte,
unerträglich, langandauernd und schmerzhaft:
Als wenn ich mein Herz
in einem Fleischwolf zerkleinert hätte,
als wenn ich meine beiden Arme
an ein Bügeleisen geklebt hätte.
Ich dachte, dass ich vierzehn Augen hätte,
und die Menschen lachten mich aus.
Ich aber brauchte alle vierzehn –
damit ich überallhin spähen konnte,
um nur ja nichts aus den Augen zu lassen.

...

Ich dachte, dass ich klein bin,
klein, oh Mann.
So klein,
dass er sich tief hinunterbeugen musste,
um mich zu umarmen.
Ich aber hatte Angst,
dass er bis dahin eine andere sehen könnte.
Deshalb habe ich mich aufgerichtet.
Ich dachte,
dass er mich zufällig ausgewählt habe,
mich an der Hand angefasst habe
und es ihm dann peinlich gewesen sei,
mich wieder zurückzustellen.
Und als ich sehr liebte,
dachte ich, dass diese Liebe
jeden Tag zu Ende ginge,
und war jeden Tag bereit dafür.
Bis zu dem Tag,
als es wirklich zu Ende ging.
Erst da habe ich verstanden,
dass ich nicht wirklich groß war.
Es fehlte mir noch sehr viel bis dahin,
dass ich verdorben wurde.
Ich hatte zwei Augen,
mehr brauchte ich nicht.

aus dem Georgischen von Irma Shiolashvili und Sabine Schiffner

regen, unbeseelte worte ...

für m. ivănescu

das alter, in dem der wind einem um die fersen fächelt,
ohne dass einem bang wäre, dass einen später lichtjahre trennen werden
von der preußischen einsamkeit ihrer lippen,
von anderen preziös lagerfeuer genannt –
das undankbare alter, hieße es in dem seit jahren
ungeöffneten buch in einer engen bibliothek, in der träge
frauen in wintermänteln herumhuschen –, ist ein allzu trauriger abend
mit regen, unbeseelten worten und wodka lemon,
und die feuchtigkeit dringt einem in die knochen und webt
eine art netz aus fieber und furcht – der eigentliche grund,
weshalb ich wieder verse untereinander setze – in der engen
bibliothek, in der melancholische frauen
in wintermänteln mich zärtlich beschnuppern.

aus dem Rumänischen von Georg Aescht

Nur in der einsamkeit

Nur in der einsamkeit kann ich mich selbst umschmeicheln
kühn betaste ich meinen körper
wie einen sack
nasse erde
nach und nach grabe ich mich
unter die haut
schraube mich in muskeln bohre
im gewebe
dringe in das fett dick wie eine lehmschicht
wie ein der seehundjagd
entgegenfiebernder eskimo
und das alles nur um der ruhe
dieses fleisches willen
das in seiner bosheit und todesangst
weder von nahrung noch sex
noch schmerz
je genug kriegen kann.

aus dem Rumänischen von Georg Aescht

poem

ich rede mit ihren worten und sage was sie sagen
es ist zu spät jetzt noch irgendetwas zu erfinden
eines von den millionen großer geheimnisse zu entdecken

// die lichtlein gehen an und aus //

das ist es nicht was ich brauche

ich brauche schönheit bewegung und einen rhythmus der meine knochen auf-
löst
und mein herz umhüllt und alles klärt
dass ich mitten im licht furchtlos warten kann

ihre hände sollen mich mit sanftem rascheln berühren
ihre bleichen hände die unter dem weißen staub liliengleich ranken

ich will in die schlanken körper fahren
ihre schwingungen spüren von denen die luft erzittert und funkelt

die nacht soll kommen und ich will reden ohne jede scham
versunken in die musik jedes atoms
will jenem beben nachschwingen und mich um den tod nicht mehr kümmern

// die lichtlein gehen an und aus //

siesindhiersindabernichtfürmich

s i e s i n d h i e r s i n d a b e r n i c h t f ü m i c h

aus dem Rumänischen von Georg Aescht

blues

sie hat sich ein bisschen verspätet, und es ist so viel einfachheit
so viel Schönheit in ihren bewegungen

wenn sie aussteigt und die tür zuschlägt
dann kommt sie lachend auf mich zu

mit leicht vom körper abstehenden armen
mit großen augen wie honiggefüllte karaffen

ich will mich zusammenkauern an ihrer brust

die in den herbstnächten zu einer kleinen stube wird
wo ein schwarzer saxophonist spielt

und alle häuslichen gerätschaften sorgfältig aufgeräumt sind

dort will ich einschlafen, endlich:
einschlafen.

aus dem Rumänischen von Georg Aescht

ich liebe jene stadt

ich wünschte, dieser morgen hätte deine hände
denn die nacht war tief und kalt
„tief und kalt", könnte man sagen

wie der mund eines philosophen
verirrt zwischen dunklen
buchseiten

ich wünschte, dieser morgen hätte deinen rücken:
ein teller, bezogen mit rosiger haut,
unter der die freundlichen gestirne pulsen

ich liebe jene ferne stadt
in der sie dem milden
licht der abenddämmerung
deinen namen gegeben haben.

aus dem Rumänischen von Georg Aescht

Cobald

für Alexandra

die sonne ist cobalt wenn sie aus dem körper steigt und strahlt
über die klippen
auch mein gegerbtes hirn auf dem sich
unbekannte vögel niederlassen ist cobalt
die kompromiss- und ohnmachtsresistenz
war immer schon cobalt
auch die nächtliche angst die ich schlagen
wollte wie ein störrisches tier
ist cobalt
die hand mit der ich auf einen immer ferneren bildschirm schreibe
ist cobalt
auch meine gedehnten und kompakten muskeln die schwitzen
vor freude und grauen im angesicht der liebe
sind cobalt
auch der leise und feine schauer den die poesie
mir noch verursacht
ist cobalt
mutters späte vergebung ist cobalt
ebenso wie der wille mich gegen die totalitären waffen des vergessens zu wehren
das blatt das auf den spiegel des wassers hinabgeschwebt ist
in dem der freund seine ruhe zu finden glaubte
ist cobalt
das bedürfnis nach dir war und ist immer noch
cobalt
auch die alte unschuld der dichter die
schmeichelnde verse vergossen haben die ich mir nicht

...

aus dem kopf schlagen kann
ist cobalt
es gibt welten mit winzigen kreisen und
es gibt glückliche welten in denen das gedächtnis hoffnung ist
und die wunden von vornherein geheilt sind
es gibt welten in denen niemand niemanden verrät
und die vorahnung davon
ist cobalt
und wenn ich dir wieder von liebe erzähle
glaub kein einziges wort
meine cobaltaugen werden es dir
zeigen
eines schönen tages
alles.

aus dem Rumänischen von Georg Aescht

Ein nachmittag auf dem Karlsplatz

der erinnerung an Constantin Virgil Bănescu

wir hatten geraucht wie die drachen in jener nacht. gegenüber vom
flohmarkt in dem kleinen cafe am Karlsplatz wo
wir sehnsucht hatten
und lachten
hast du dir eine vergessene packung zigaretten vom tisch
nebenan geschnappt
dann haben wir sie genüsslich geraucht
und haben gelacht
im gespräch über die krankheit und über die ruinen von selbstmorden
aus denen wir mit verbundenen köpfen hervorgingen
lachend

und der augenblick von damals hängt neben mir in der luft ich kann
die hand ausstrecken und ihn berühren jemand
hatte ein türchen einen spalt weit geöffnet
eigens für uns
damit das licht hereinkam mit
all seinen schmetterlingen mit unserem ansteckenden lachen das
war das leben

und alles stand still

aus dem Rumänischen von Georg Aescht

Zhaina

Pixel für Pixel putzt sie den Monitor mit dem anti
statischen Tuch bevor der Mann vom Dienst
heimkommt und sich davorsetzt
wie ein Buddha
mit Budweiser

Sie hört nichts vom herrschaftsfreien Diskurs
im Licht des gynozentrischen Feminismus
dort von wo sie geflohen ist
sie hört nichts

still putzt sie täglich alles
manchmal auch
wenn der Mann den Gurt ablegt
und ins Nirvana sinkt
manchmal auch die Waffe

aus dem Polnischen von Doreen Daume

1

mein klagevorrat ist in diesen tagen wie geplündert

ich habe das otototoi der tragödien mindestens
zwei oktaven zu heiter intoniert und auch nicht
lange genug gehalten, als ich las, in asien seien
tausende schweine lebendig begraben worden

prompt musste ich ein dreifaches oimoi nachlegen
das, beim dritten ausruf immerhin etwas dunkler
zwar eine angemessenere tonlage zu treffen schien
mich gleichwohl noch längst nicht befriedigte

es würde mir, wusste ich jetzt, nicht erspart bleiben
die klageskalen der antiken mehrmals durchzujammern
um mich auf ein adäquates maß mitleid runterzuleiden
dazu müsste ich bloß sorgfältig alle register ziehen

hoffentlich würden mir die kalkanten nur kein schnipp
-chen schlagen

6

jedenfalls gehörte es zum guten ton, sich bei einer staatsbestattung
nebst einem blutverschmierten büßerverein, der traditionellerweise
aus hundert greisen grummlern bestand, die ihre hornhäutigen hälse
mit heißem hundsgedärm schmückten, auch ein chörchen abgeklärter
bacchantinnen zu leisten, das gegen nicht unbeträchtlichen lohn
und im bunde mit seinen bas in den ungestümsten Windungen um
einen toten trauerte, um diejenigen unter den leichenschmäuslern zu
tränen zu rühren, deren sandige augen es bloß bis zur rötung schafften

wer also das nötige kleinshât hatte
oder es irgend aufbringen konnte
gönnte sich einen solchen träner
oder, viel öfter, eine tränerin

11

anders als bei freienbeerdigungen wurde bei staatsbestattungen
die tränerliche crème de la crème engagiert, um dem verblichenen
oberhaupt einen standesgemäßen abschied gewähren zu können
man ließ sich tränerinnen sogar aus dem fernen troja kommen
denn die standen zumindest im hunderttorigen theben in hohem ruf

den saitern hingegen kam das gestöhne der trojanerinnen (oioioi!
ai! ioio! pheu! a! e! i! äiäi! iu!) so abgeschmackt und gewöhnlich vor
wie das tägliche klägliche wiehern von schabakas schabracken

sie borgten sich ihre tränerinnen lieber aus theben, sais selbst
oder notfalls noch aus memphis, wo man in der regel nämlich
das heißt immer, nur während der siebzigtägigen unsichtbarkeit
des heiligen sirius nicht, scheinbar auf diese, in grauester vorzeit
kodierte lautfolge improvisierte: aio! oimoi! heul! aa! ee! ii! oo! uu!

12

woher auch immer diese frauen und mädchen kamen
die talentiertesten, hieß es, potenzierten die achkraft
eines verstorbenen um ein vielfaches; sie machten
seine jenseitsseele stark

und falls ein kind und sein schatten im trauerzug mitklagten
war jene achkraft sogleich doppelt so groß, achachkraft
also, auch wenn pro klageteam nur wenige kinder
mit ihren kindsschatten zugelassen waren

etwa zwei für ein begängnis engagierte klageknirpse mit zwei
ziemlich schweren schatten pro trauertrupp reduzierten
die achkraft eines toten anscheinend wiederum
um nahezu ein sechseinhalbfaches

volɥ if me spika

volɥ if me spika ate lanku of gev [1]
volɥ if me spika is ate bistu vilted [2]
is ate vatu ad pfos [3]
ate tralbu [4]
me ia ferka rig ade nomu [5]
ate vortu re tenka an sinf [6]
ate vortu re nu tenka an sinf [7]
it esmipo enɥ anto [8]

[1] spräche ich alle sprachen der erde
[2] spräche ich wie alle wilden tiere
[3] wie alle wasser des abgrunds
[4] alle blumensamen
[5] würde ich den ursprung der namen vergessen
[6] alle worte, die eine bedeutung haben
[7] alle worte, die keine bedeutung haben
[8] und einfach singen

liedvoll, deutschyzno moja

1

millionen flüchtige wörter stehen an
der grenze zu diesem gedicht
die beine in den bauch sich
schlange an der grenze
dunkle wörter, dunkle fremde
suchen nach zuflucht, wollen hier wohnen
verjaschmakt, betschadort, da warten
mummen von jenseits der pole
es sind welche von ungarn gekommen
zupełnie niedeutschałe słowa
drängen sich hier in die futura
ręce błagają, bebeten die grenzen
deine, deutschyzno moja

2

aber was soll ein gedicht mit den millionen
flüchtigen wörtern nur anfangen

es könnte mit ihnen kickern gehen
schlägts kickern vor
sie einladen zu bier, püree und kohlrouladen
oder mal ne reise machen an ein schönes wort
und ihnen die gegend zeigen, gegend

...

es könnte millionen wörter einfach schweigen
und müsste jetzt nicht gründeln, mörtel, münze
wrack und wub erleiden, schlackern, lecker
mords- und mergel – wiesz
es könnte wieder flippern wie am rastplatz
weil die zeit lang wird
und mit der tinka auffe kirmes gehn
sich in die zukunft sehen lassen
vom pinken clafoutisschafott im pelz

es könnte schützenfest und adlerschuss verpassen
und an der lippe laufen, wo die mimik hüpft
dann am frühen winkelwasser
in schnöden reimen kurz verschnaufen

auch könntes doch ins olle haus
das haus am halben mond 1ziehen
und dem fallmann hin und wieder
den fadengang von buche andiktieren
(er soll ihn immer mit zwei fingern nachfahren)

dabei könntes aus dem kickern 'skern
und all den kiciuśkitsch entfernen
und stattdessen andere wörter weiden
vielleicht fremde wörter heimen
raffig, diese flüchtigen, mehrbarwigen
die völkerball in föderalen hallen spielen
– aber millionen

...

abermillionen

doch bleibts bloß ein kern am kitsch
beim kern am kitsch

3

abgeschoben ausgespuckt
da ist etwas kleinstes blaurosa
gepuckt, wie ein taubenschluck
leise weints mitten im pulk

wo sind denn die aus dem morgenland
die drei worte mit den gaben
nix myrrhe hier
her mit dem schwarz-rot-gold

wörter aus dem buch der könige
hocken im containerdorf: umfwörter
aus saba, noch milchschorf im haar
labern babel

Eine Insel

Laßt mich eine Insel sein
ich bin das Land
dessen Soldaten es satt haben an der Grenze zu stehen
an der ihnen fremde Soldaten gegenüberstehen
die das genauso satt haben und ebenso wenig verstehen
wessen Grenze sie da bewachen

Laßt mich eine Insel sein
auch ich will das unerwartete Schnappen der Riegel nicht
hören
ebenso wenig das ewige Sperren der Schlösser
ich will das Rauschen des Meeres hören
ich will die Hände hochheben
nur wenn ich ins Meer gehe

Gebt mir das Meer

aus dem Russischen von Peter Steger

Show, Show...

Show, Show...
Gerade ging eine Dame in Pelz gehüllt vorüber
durch den der nackte Körper gut zu sehen
es ging ein Mann vorüber im gediegenen Anzug
und trug seinen Kopf auf einer Lanzenspitze
es ging ein Kind vorüber mit der Bitte
auf den Arm genommen zu werden
es ging ein weißer Elefant vorüber
mit einem Kaugummi im Maul statt der Stoßzähne
es ging ein Präsident vorüber mit der Bitte
seine Amtszeit zu verkürzen
es ging ein Rübchen vorüber
die Großmutter und ihren Enkel auf dem Rücken
es lief eine Maus vorüber
mit dem Spannstift einer Mäusefallenwerbung
es flog eine Fliege vorüber
ohne irgendetwas einfach nur eine Fliege
und da schon wieder derselbe weiße Elefant
vier Generale trugen
eine Sängerin vorüber singend im Käfig
es ging vorüber das Zahnweh
nach dem Knirschen mit den Goldzähnen
es ging ein Stuhl vorüber gedeckt für vier VIPs
es ging ein Tisch vorüber der träumte ein Sessel zu werden
es gingen 40 Räuber vorüber auf der Suche nach Ölquellen
es gingen 33 Recken vorüber auf der Jagd nach einer Flasche Bier
es gingen eine Bande und das Bildungsministerium vorüber
es gingen zwei Ohren und ihre fünf Finger vorüber

...

es gingen hintereinander drei Eisbären vorüber
mit der Forderung den Augenblick festzuhalten
es ging ein Augenblick vorüber
und hinter ihm unbemerkt drei oder vier Jahrhunderte
und da schon wieder derselbe weiße Elefant

Und auch ein fremdes Leben ging vorüber
ausgegeben als das eigene zu Vorzugskonditionen
und dann noch ein endloser Zug von Feuersäern
und jedes Auge bekommt nicht genug vom Sehen
der Sehende denkt nicht
der Sehende sieht nicht
er zählt das Gesehene nach
er hat nicht genug Finger dafür
und er schlägt zum Aufrunden
andere Köpfe ab
und hier und da der weiße Elefant

aus dem Russischen von Peter Steger

Moderne Lyrik

Die moderne Lyrik
ist ein unwegsamer Sumpf inmitten der Stadt
wo graziös über die Oberfläche
flinke Wasserläufer gleiten
vorbei an einer Insel blühender Wasserlinsen
unsichtbare grüne Algen
träumen von Meeren mit Korallenreimen
von Zeit zu Zeit quakt erschrocken
ein glitschiger Gedankenfrosch
und augenblicklich geht seine ganz eigene Stimme
unter im allgemeinen
Mückenchor
der lechzt nach fremdem Blut

aus dem Russischen von Peter Steger

Blutkreislauf

In Jakutien erzählten mir Jakuten,
wie Mücken das Rentierblut saugen:
die einen direkt aus dem Rentier,
die andern, für die der Platz nicht reicht,
saugen es aus denen, die das Blut des Rentiers saugen.
Und so weiter.

Die Menschen und die gar nicht so kleinen Mücken,
aber auch die gar nicht so harmlosen Rentiere
werden so zu Blutsaugern:
Die einen saugen das Blut der andern
und die andern aus dritten, die kleiner sind,
während die dritten alle mitsammen davon träumen,
wie man die ersten aussaugen könnte,
die an den andern saugen.

Wenn sich da jemand widersetzen sollte,
könnte es zu einem Blutvergießen kommen.
Solange freilich das Blut nicht danebenfließt,
fließt alles seinen Gang.
Die Blutsbande festigen sich,
der Blutdruck bleibt normal.
Und so weiter.

aus dem Russischen von Peter Steger

Der Sinn zu töten

Da, wo Erwachsene Erwachsene töten
und sich dafür einen triftigen Grund einfallen lassen,
tötet man nebenher auch Kinder
und findet diese Zufälligkeit unvermeidlich.

In dieser unvermeidlichen Zufälligkeit
liegt ein offensichtlicher Grund verborgen:
Die Kinder wachsen und werden zu Erwachsenen,
und sie zu töten wird schwieriger.

Außerdem gehört den Kindern die Zukunft,
um derentwillen Erwachsene Erwachsene töten.
Und gestattete man den Kindern zu überleben,
würden die Kinder die Krieg führenden Eltern verdrängen.

Unter den Kindern könnten zufällig Propheten sein,
sie könnten eine andere Zukunft weissagen,
die den Erwachsenen vielleicht nicht gefiele.
Besser, sich dieser Zufälligkeit zu entledigen.

Die Erwachsenen haben also allen Grund,
schon in den Kindern eventuelle Propheten zu töten,
denn es hätte keinen Sinn, bereits erwachsene Propheten zu töten,
wenn die euch schon alles vorhergesagt.

aus dem Russischen von Peter Steger

* * *

Die neueste Meinungsumfrage besagt:
88* Prozent der Bevölkerung meines Landes sind Faschisten.
Das ist eine beschissene Nachricht, denke ich im zum Bersten
gefüllten U-Bahn-Waggon.
Zwar befragen sie keine Minderjährigen, aber mit solchen
Eltern, Lehrern, Passagieren braucht man sich keine
falschen Hoffnungen machen.
88, eine schlaue Zahl, da muss man sich nicht
länger hinter dem Rücken der 14* verstecken.
Natürlich ist das nur ein Mittelwert, geht mir durch den Kopf,
im Parlament meines Landes erreicht die Ziffer leicht 100 Prozent,
und auf der gestrigen Dichterlesung war sie womöglich nicht größer als Null.
Aber in der Metrostation „Oktjabrskaja" werden die Menschen
kaum übler stinken
als in der Station „Komsomolskaja", denn sie hat ja der Zufall
zusammengebracht.
Ich vermute, es sind ungefähr hundert Leute im Waggon,
doch wer von ihnen zu den verbleibenden 12 Prozent gehört,
kann man nicht erkennen.
Am ehesten noch der Mulatte im weißen T-Shirt, bedruckt
mit schwarzen kyrillischen Lettern:
„Behandle die anderen so, wie du selbst behandelt werden möchtest" –
man kann sich leicht ausmalen, was für eine Erfahrung hinter
diesem Schriftzug steht.
Da, der Junge mit den lila Haaren, um die zwanzig,
da bin ich mir fast sicher, wenn der ins falsche Viertel gerät, setzt es Schläge,
und der da, mein Altergenosse, mit dem rot-grünen Tattoo
auf dem Unterschenkel,

...

schon fraglich, zu aufgepumpt. Der Alte neben ihm mit den Dreitagestoppeln
und den Ordensspangen liest die „Komsomolskaja Prawda" –
völlig ausgeschlossen,
der andere mit dem gepflegten Bart und der „Nowaja Gazeta"
in der Hand –
ungewiss, ohne Garantie, die ältere ungeschminkte Dame
mit einer dünnen Broschüre in der Hand – man sieht nicht was für eine,
wenn es
Kochrezepte sind, besteht eine Chance, sind es Gebete – dann auf keinen Fall.
Weiter hinten im Waggon lässt sich nichts ausmachen.
Aber es gibt natürlich welche, die es verstanden haben sich zu maskieren,
die sich durch nichts in Kleidung, Frisur, Manieren zu erkennen geben.
Das ist eine nützliche Fähigkeit. Und du, Zazie*,
älter geworden, aber noch immer mit deiner Ponyfrisur,
den orangefarbenen Pullover gegen rote Hosen getauscht,
mit einem einzelnen Ring im rechten Ohr, nimm dich in Acht,
glaub nicht, dass man im Gedränge nicht sieht, wie du deine Freundin umarmst,
glaub nicht, dass deine Minderjährigkeit irgendwen milder stimmt,
und wenn einer von den 88 an den Notsignalknopf gelangt,
dann könnte der Zugführer die Sicherheitsstreife der Gestapo
auf der Station „Leninski Prospekt" direkt vor die Waggontüren rufen.

* *88* ist der Neonazi-Code für „Heil Hitler", „14" (14 words) bezieht sich auf ein Zitat des US-amerikanischen Rechtsextremisten David Eden Lane („We must secure the existence of our people and a future for white children"); *Zazie* verweist auf Raymond Queneaus Roman „Zazie in der Metro" bzw. dessen Verfilmung durch Louis Malle

aus dem Russischen Andreas Weihe

* * *

Für A. R.

Schön bist du, mein Geliebter,
auf dem grünen Laken über dem lädierten Sofa,
mit deinem zwanzigjährigen Gesicht, von dem die Pickel noch nicht
verschwunden sind,
mit der Schwellung vom letzten Piercing in der Oberlippe,
mit den zerzausten Haarsträhnen von der Farbe verrottenden Strohs,
mit deiner mondgelben Haut, gewohnt an schäbige Klamotten,
unberührt selbst von der hiesigen kränklichen Sonne.
Verkörperung des Eros unter der kruden Kruste des Thanatos.
Zum fünften Mal klingelt endlos lang dein Handy
und die Rufnummeranzeige poppt auf: „Mumi-Mama",
aber du verscheuchst nur die unsichtbare Hummel vom Ohr,
ohne aufzutauchen aus stoßweisem Schnarchen, Absinth und Gin
in deinem Atem.
Ich könnte deine Mappe durchsuchen, all deine Taschen kontrollieren,
deine Boxer Shirts und deine stinkenden Socken abstreifen,
ich könnte dich vögeln, da du dich eh schon auf die Seite gedreht hast
und die Oberschenkel an den Bauch ziehst,
du wirst nicht aufwachen, bis zum Morgengrauen wirst du nicht aufwachen,
und wenn der Morgen graut, wirst du dich nicht daran erinnern,
was am Abend im Pub
geschehen ist und in der Nacht in der angemieteten Wohnung
in der Straße des Frühlings,
da war etwas, aber es ist dir durch die Finger geronnen
unter das Eis in die dunklen Wasser des Unterbewußtseins,
zusammen mit dem Namen des Mädchens, mit dem du vorgestern
zusammen warst, und dem Wort „Vergeblichkeit".

...

Vergeblich hast du zwei Monate im Hospiz als Volontär gearbeitet,
vergeblich hast du dich mit einem plumpen falschen Namen vorgestellt,
vergeblich hast du, vorm Einschlafen, meine Hand an dein zaghaft
erigiertes Glied geführt,
und dann hast du versucht, mir die Vene am linken Handgelenk durchzubeißen,
Rache für die Beharrlichkeit meiner rechten Hand
(leg mich, wie einen Cockring, über dein unbeschnittenes Herz) –
der Tod überzieht dich mit einer dicken Schicht,
türmt sich auf wie ein Eisblock,
aber wenn ich auf dich schieße wie damals in Brüssel,
wenn ich dir eine Salve von Metall oder Samen entgegenspucke,
dann wird, ich weiß es, etwas hervorbrechen, mir entgegen:
Blut, Liebe, Verse, Verse, Verse.

aus dem Russischen Andreas Weihe

6.

Die kleinen schwarzen Löcher, in die man flüchten kann,
Die kleinen schwarzen Löcher, verengte Pupillen.

Gerade an Präzision hat es uns immer gefehlt.

Auch, als wir uns mit geschlossenen Augen im Kies der verlassenen Sandgrube
Umarmten.

Auch, als wir den Bund mit einem Kuss besiegelten, Kiesel tauschten
von Mund zu Mund.

Die Zeit ist gekommen, eine seltsam kühle Ernte einzubringen.
Worte gehen aufrecht wie Politiker – Anfänger

Auf dem vom Schöpfer angelegten Steg.

Auf uns Schafen mit den ausrasierten Blicken
Für uns in den süßen Kies.

nach Interlinearversionen
aus dem Lettischen von Julija Boguna und Beata Paškevica
nachgedichtet von Matthias Göritz

Er biss die Zähne zusammen

Er biss die Zähne zusammen, er schaute mir hinterher.
Es passierte wirklich, als ob alles wahr wäre ...
Er schaute mir hinterher und erkannte,
Dass ich keine Spur hinterlasse, im frischen Schnee.

Freunde dachten, dass ich ein Fremder bin,
Feinde dachten, dass ich bescheuert bin,
Alle beschlossen, dass ich gefährlich bin
Weil ich keine Spur hinterlasse, im frischen Schnee.

Die tote Maus verwest in meiner Tasche,
In der Tasche verwest meine tote Maus,
Sie findet niemand, mich findet niemand,
Weil ich keine Spur hinterlasse, im frischen Schnee.

Ich wäre schon längst im Schnee begraben.
Ich wäre schon längst ins Erdloch geworfen.
Ich wäre schon längst von Wachhunden zerrissen,
Doch ich hinterlasse keine Spur im frischen Schnee.
Ich hinterlasse keine Spur im frischen Schnee.

aus dem Russischen von Sergej Tenjatnikow

Er erblickte die Sonne

Wassergraben, schleichender Schock,
Feuchte Erde, Wände aus Beton,
Eisenfenster, künstliches Licht,
Glühender Asphalt, verschimmelter Knall,

Plastikrauch, verbrannter Gestank,
Stacheldraht in die weite Welt,
Gummireste, Räder und Schlacke,
Blinde Gräben, vertrocknetes Gras,

Wachtürme, Splitter vom Glas,
Ziegel in Reih und Glied, das Krematorium qualmt,
Papierfetzen und Konservenblech,
Gasmaske, Uniform, Maschinengewehr,

Die Welt war so herrlich – wie der Rotz an der Wand,
Die Stadt war so schön – wie das Kreuz auf dem Rücken,
Der Tag war so glücklich – wie der Blinddarm,
Er erblickte die Sonne...

aus dem Russischen von Sergej Tenjatnikow

Was bete ich an?

Was bete ich an?
Blühende Apfelbäume bete ich an
Und noch eiskalte Regenschauer im Mai
Mit voller Wucht schlage ich Kreuze
Wie mit einem Säbel
Ich verbeuge mich
Meine steinerne Stirn drückt auf die Erde
Den Tod drücke ich aus der Erde aus
Gott höchstpersönlich folgt mir auf der Spur
Gott eilt mir hinterher
Wie ein Irrer mit dem Bettelsack
Mal läuft er mir über den Weg
Brüllt und lacht
Mal beschenkt
Mal bescheißt er mich
Mal ist sein Gesicht voll Entsetzen
Mal drückt er mir die Hand und sagt:
„Du bist ja eine Arschgeige"

aus dem Russischen von Sergej Tenjatnikow

Stillgelegte Eisenbahn

Stillgelegte Eisenbahn.
Verrostete, verweste Fabrik.
Zwergstadt am Horizont.
Streunende Haufen Bäume leben hier aus Gewohnheit.
Selbstverständlich eine Müllhalde
und Abenddämmerung.
An diesem Ort wurde ich ermordet
Und dann nie gefunden.

aus dem Russischen von Sergej Tenjatnikow

Meine Mutter ist mein Kind

Lasst uns unsere Mütter wie ein Kind adoptieren!
Lasst uns unsere Mütter wie ein Kind adoptieren!
Lasst sie auf unserem Schoß sitzen!
Lasst sie ihre grauhaarigen Köpfe an unsere Brust lehnen!
Lasst uns unsere Hände auf ihre heißen Stirnen legen!
Lasst uns sie schaukeln und ihnen ein Lied vorsummen,
Lasst uns sie schaukeln, ihnen ein Wiegenlied singen:
Ein Wiegenlied für meine Mutter,
für sie, die mich zur Welt gebracht hat,
für sie, die ich zur Welt gebracht habe.
Deinen Kummer will ich aufnehmen, Mutter,
deine Tränen auch, dein Feuer auch, deine Galle auch.
Sie sollen mich verbrennen, sie sollen mich aufbrauchen,
sie sollen mich zu Asche machen,
mich mit Erde vermischen.
Schlaf, meine Mutter, mein Kind,
schlaf, Muttersonne, Muttererde!
Ich nehme deinen Tod auf, Mutter,
ich gebe dir mein Blut,
ich gebe dir mein Leben.
Die Sonne soll untergehen, mein Herz aufgehen.
Deine Hände, Mutter, sollen auf meinen Ausschnitt,
an meine Brust trommeln.

Ich singe ein Wiegenlied für die Hände meiner Mutter.
Legt euch in mein Herz hinein,
ihr, die Hände meiner Mutter!
Die Ader an meinem Hals soll es singen.

...

„Ein Wiegenlied für meine Mutter",
Ein Wiegenlied für das Atmen meiner Mutter.
Werde in meinem Schoß alt, Mutter!
Komm aus meinem Schoß zur Welt, Mutter!

Meine Sonnenmutter muss aufstehen.
Ich muss auch aufstehen.
Ich muss meine Babymutter
in schwere Schafwolle einwickeln.
Ich muss gehen,
meine Hände in schwarzes Wasser werfen,
das Blut herauslassen,
damit der gallige Gram herausfließt.
Das Wasser soll das Alter mitnehmen,
das Wasser soll den Tod mitnehmen.

Ich will sagen: Ich habe meine Mutter adoptiert,
Ich habe meine Mutter zur Welt gebracht.

aus dem Georgischen von Irma Shiolashvili und Sabine Schiffner

Aldeburgh

Wir fliegen mit dem Paragleiter:
Ich Barbara und Tony
zum Poesiefestival
in Aldeburgh.

Ringsum grast
englische Wolle.

Das Meer
zwischen Europas Gedichten.
Die Erotika der Wellen
schlagen aneinander.

Stolze Möwen
rezitieren die Kleinstadt.

Die Poesie
medizinische Alternative
für alle die über empfindlichen Lichtschmerz klagen
für alle die über empfindlichen Dunkelschmerz klagen
für alle die der Wirbelsturm des Triumphs fortreißt
und für alle anderen Rekonvaleszenten

Hier isst man nur Gedichte.
Seltener Dorschelegien.

aus dem Polnischen von Doreen Daume

Unser Computer

Unser Computer
liegt zwischen uns.

Passend formatiert
für unsere schnelle Liebe
öffnen wir ein Dialogfenster.

Auf den Scheiben Regendesign
aus der Galerie Clip Art.

Die Lippen als Standardeinstellung kehren zurück.
Das Icon des Atems.

Wieder und wieder integriert
autorisieren wir uns morgens
wenn der Postbote die Morgendämmerung
einer frischen Marille
in unseren Briefkasten wirft.

aus dem Polnischen von Doreen Daume

Stipendiaten der Zeit

Die versteuerten Stipendiaten der Zeit.
In den erloschenen Vulkanen der Philosophie versteckte Rebellen.
Sie eilen die Feuerleiter hinunter
auf weiße Papierebenen.
Distinguierte Herren die
brüllende Helden hinter sich herziehen:
Mörder minderjähriger Mädchen. Exhibitionisten.
Nymphomaninnen. Verlassene Geliebte.
Unter psychischem Pseudonym
geschriebene Romane.
Der Zögling Törleß. Jesef K. Leopold Bloom.
Wir alle ähneln einander
und sehen aus wie fallende Aktien
oder ein tödliches Telegramm.

aus dem Polnischen von Doreen Daume

Gespräch mit Charles Simic

Las Vegas, eine Bar. Das Licht, ein rotoranger Hybrid,
wirkt hier als Rettungsweste und
erteilt uns nebenbei leichte Schläge ins Gesicht.

Ich sitze neben Charles Simic.
Sein Nachname klingt in seiner neuen Sprache
anders als in der Muttersprache;
unterwegs haben die finalen Konsonanten sich verhärtet,
wie an Deck eines Schiffs aufgeweichte Kartons
die unter einer anderen Sonne getrocknet sind.

Jemand wischt sich den Bierschaum vom Bart,
schwer zu sagen ob es draußen schon dunkel wird.
Ein anderer in der Ecke schlägt auf einen Spielautomaten ein,
wartet nervös, ob Geld herausfällt.

Die Musik formt große Luftblasen
unter der Haut.

Wir kommen beide aus dem Balkan. Unsere Länder trennen
Berge, die von oben
wie friedlich schlafende Elefanten wirken.
Sie machen kurze Nickerchen. Wegen ihres Gewichts
finden ihre Körper keine Ruhe,
wälzen sich von einer Seite auf die andere,
es ist ihnen unmöglich
das Gleiche zu träumen.

/ ...

Wir unterhalten uns. Vielleicht sprach er über Literatur, Glauben,
Politik ... vielleicht.
Es ist sehr laut. Unmöglich ein Gespräch zu führen.
Ich folgte nur dem Klang seiner Stimme,
tief, inwendig, reif,
schwer von Kalzium
wie die Tropfen in der Höhle zu Boden fallen
von Erde zu Erde,
die kürzeste Reise für einen Ton
die längste für uns
Menschen.

aus dem Albanischen von Andrea Grill

Die Eisenbahnjungs

Garantiert sind sie blond, alle blond,
damit sie einander gut sehen können
im Fett, Rauch und Kohlenstaub.
Locker, als ritten sie auf Büffeln, reiten sie auf ihren Pfiffen.
Sie kennen die Tonhöhe.
Von Weitem schon wissen sie, welcher Zug
in den kalten Norden fährt
und welcher nach Süden;
welcher Waggon die Post transportiert, mit handgeschriebenen
  Adressen,
und für welche Passagiere es keine Rückfahrkarte gibt.

Wenn der Güterzug ankommt,
klettern sie eilig hinauf, genießen ein Stück Himmel,
am Rücken auf Holzbrettern liegend.
Das ist der halbe Weg; jetzt
sind sie den Sternen näher als ihrem Zuhause.

Das ist die erste Prüfung ihrer Männlichkeit.
Die anderen folgen, hinter dem kaputten Waggon –
ein Mädchen mit rostrotem Haar.
Wer war sie? Die erste Liebe hat keinen Namen
aber einen schönen Eckzahn und lässt sich rufen.
Und auch die zweite ... die dritte ...
Wer daran gewöhnt ist, die Kleidung seines Vaters zu tragen,
braucht keine eigene,
für den Sohn Aarons ist sie überflüssig,
Aaron, den seine Blasphemie
vom Schlaraffenland fernhielt.

Garantiert sind sie blond, alle blond
die jungen Eisenbahner. Für sie
ist alles drin.
Siehst du wie der erste Waggon der letzte wird,
der letzte der erste,
wenn die Lokomotive die Richtung ändert?

„Hey, wie ist es im Norden?"
„Die Leute tragen Pelze und haben blaue Adern."
„Und im Süden? Was erzählt man?"
„Dort denken die Leute mit den Herzen und fuchteln beim
Sprechen."
Über den heißen Schienen
verzerrt die Luft ihre schlanken Silhouetten
wie ein konkaver Spiegel, löscht
die Worte „Pelz" und „Herz".

Und gegen den eigenen Willen wird jeder von ihnen
das falsche Mädchen heiraten,
jene mit dem langen Winter in den Augen;
unter kahlen Bäumen
ist es schwierig sich auf dem Nachhauseweg zu verlaufen.

Mit der Zeit verstummen die Pfiffe;
die Büffel verwandeln sich in weiße kuschelige Welpen.
Und, wie immer unerreichbar, sickern der Norden und der Süden
aus den Ärmeln der noch nie getragenen Mäntel der Väter.

aus dem Albanischen von Andrea Grill

Goldenes Zeitalter

was ist deine umgebung?
meine umgebung sind aschenbecher, schreibtisch,
stuhl, kerzenleuchter, bücher, kisten.

was ist deine umgebung?
meine umgebung ist eine kiste.

was ist deine umgebung?
meine umgebung ist eine kiste, in der sich
verschiedenste gegenstände befinden.

was ist deine umgebung?
meine umgebung ist der gegenstand, den
ich zuerst berühre und dessen namen ich zuerst ausspreche.

was ist deine umgebung?
meine umgebung ist das bett, wenn ich mich auf das bett
lege, und wenn ich weiß, dass es ein bett ist.

was ist deine umgebung?
meine umgebung sind dinge, deren
maß, herkunft, funktion, beschaffenheit und namen ich kenne.

was ist deine umgebung?
meine umgebung ist die entfernung vom stuhl,
auf dem ich sitze, bis zu jenem, auf den ich mich setzen werde.

...

was ist deine umgebung?
meine umgebung ist die umgebung des planeten,
den ich umlaufen werde, und dann kann ich sagen, ich habe
den planeten umlaufen, der erde heißt.

was ist deine umgebung?
meine umgebung sind aschenbecher, schreibtisch,
stuhl, kerzenleuchter, bücher in der kiste,
die planet-kiste heißt.

was ist deine umgebung?
meine umgebung ist eine anzahl von gegenständen, deren
namen und deren zweck ich kenne.

aus dem Kroatischen von Alida Bremer

Die Tatsache

das erste, was ich geschrieben habe,
war das wort „vielleicht".
danach habe ich das papier aus der maschine
gezogen und an die wand
genagelt.

ich entdeckte zwei dinge:
die grosse beweglichkeit der gelenke
meiner hände und die wahrhaftigkeit
des satzes, dessen ende ich
vergessen habe. einst wollte ich
folgendes sagen: *„O what shall I hang*
on the chamber walls?",
doch das hatte vor langer zeit schon
whitman gesagt.

deshalb bleibt mir nur übrig
mein „vielleicht" zu berühren,
meinen wankenden punkt auf den schlund
eines anderen mütterlichen tieres
zuzubewegen.

aus dem Kroatischen von Alida Bremer

Übungen

und das offene fenster?
und das offene fenster.
und die dinge, die du durch das offene fenster siehst?
und die dinge, die ich durch das offene fenster sehe.
und die dinge, die vor dem offenen fenster bleiben?
und die dinge, die vor dem offenen fenster bleiben.
und die dinge, die nicht in den rahmen des offenen fensters treten?
und die dinge, die nicht in den rahmen des offenen fensters treten.
und die dinge, die du berühren kannst, weil sie vor dem offenen fenster stehen?
und die dinge, die ich berühren kann, weil sie vor dem offenen fenster stehen.
und die dinge, die ungreifbar sind, weil sie hinter dem offenen fenster stehen?
und die dinge, die ungreifbar sind, weil sie hinter dem offenen fenster stehen.
und die dinge, die nah sind, und die dinge, die fern sind?
und die dinge, die nah sind, und die dinge, die fern sind.
und das offene fenster?
und das offene fenster.
und das fenster, das nicht offen ist, aber offen sein könnte?
und das fenster, das nicht offen ist, aber offen sein könnte.
und das offene fenster?
weder das fenster ist offen, noch könnte es offen sein.
und das fenster, das vor dir ist?
weder ist das fenster vor mir, noch bin ich hinter dem fenster.
weder ist das fenster offen, noch habe ich ein offenes fenster gesehen.
noch habe ich irgendwelche dinge hinter dem offenen fenster gesehen.
noch habe ich irgendwelche dinge berühren können
vor dem offenen fenster, denn das fenster war weder offen, noch ein fenster.
ich hatte eigentlich das offene fenster gar nicht erwähnen wollen.
und das offene fenster?
und das offene fenster.

aus dem Kroatischen von Alida Bremer

geschichte, saft, salami

ein denkmal schaut mich an und fragt
ob ich mich erinnere
nein
ein grab schaut mich an und fragt
ob ich um es trauere
nein
sie bauen und bauen von neuem
vom gerüst fällt ein armer kerl
ob ich um ihn trauere
ja
ich trauere um das pfund brot
mit salami
den zur hälfte getrunkenen saft
trauere um den saft
trauere um die salami
bedauere die frau die auf ihn wartet
bedauere mich dass ich das alles
mit anschaue
dabei habe ich geld in der tasche
und weiß nicht woher ich komme
vom wolf und vom bären
von denen die auf dem gerüst
waren und gefallen sind
es gibt menschen wie dich
die trauern um ein denkmal
ein grab
um ungerechtigkeit und elend
ich dagegen trauere um
salami

aus dem Serbischen von Peter Urban

süße tage

kehrt wieder
kehrt wieder wunderbare tage
jauchzende
wo seid ihr hin
kehrt wieder damit ich euch küsse
die sonne
die wolken
den schwanz
wo ist das wilde auge
wo der leichte schritt
unter dem körper
staub auf der straße
süßer geruch
wo ist der vater
wo ist die mutter
wo ist das leben
kehrt wieder wunderbare tage
kurze
vergangene
damit ich euch
die eier küsse

aus dem Serbischen von Peter Urban

heiter

wenn die freude zu mir kommt
so falle sie mir auf den mund
auf das auge auf die hände
nur schnell soll sie kommen

wenn zu mir der tod kommt
soll er kommen während ich liege
soll er mir kommen auf den mund
soll er mir fallen aufs auge
nur schnell soll er kommen

auf meinen verrückten kopf
auf mein klares auge
strahle

aus dem Serbischen von Peter Urban

herzog

bier und tequila
was ist das
nach einem halben leben
biere tequilas und so manches jahr
was war das mit dem klugen jungen
der am barren geturnt hat und virtuos
auf dem stuhl gekippelt und antwort wusste auf jede frage
und sich nie gemeldet hat wenn andre sie nicht wussten
um sie nicht zu demütigen
was war das
die fremde
pornos gewälzt
eine achtunddreißiger-kugel abbekommen
ein paar frauen ein paar kinder
und ein trübes trübes leben
eine trübe trübe arbeit
ein trüber trüber mensch
ist dieser stupsnasige junge heute
wozu die schlimmen zeiten
wozu die fremde
und wer ist dieser mensch jetzt
ich kenne ihn nicht
und noch schlimmer ich habe angst
und mir angst zu machen
ist wahrlich nicht leicht.

aus dem Serbischen von Peter Urban

die große frage

Jesus liebst du rockmusik
ich ja
der wasserhahn tropft es schneit
der kopf schmerzt der baum ist hohl
nur dohlen trinken diesen honig
und mäuse

Jesus liebst du mich
ich nein
schütteres haar gute zähne
selten gehegte gedanken
fruchtlose kraft

Jesus liebst du schlittenfahren
ich weiß nicht
lass ich ihn laufen piss ich in die hose
dick geworden der hintern
eine ältere frau

Jesus wird mir vergehn
dieser wunsch
geliebt zu werden herumzukommen
dichtes haar kurze jugend
eine schwalbe.

aus dem Serbischen von Peter Urban

pension

gibt es nirgends einen platz wo ich
in ruhe sitzen und mein bier trinken kann
und auf den fluss schaun und mit den leuten reden und dann
fangen wir an zu schreien
niemanden rühren wir an
und dann kommen irgendwelche mädchen um zu hetzen
aber alles auf die feine art
niemanden rühren wir an
und dann kommen irgendwelche breitschultrigen jungs
niemand rührt uns an
und wir haben gute musik lang wie ein bier und leicht
wie ein motorrad
niemand der weggeht im streit
gibt es nirgends einen platz wo es wie früher wäre
gibt es niemanden dessen schultern nicht eingeschlagen sind
gibt es niemanden der trinken kann ohne zu weinen
oder noch schlimmer
einzuschlafen
wo sind sie alle
ich warte.

aus dem Serbischen von Peter Urban

gib mir gib mir

herrgott süßer gib mir morgen
gib dass ich mich freuen kann
gib mir gib mir
denn ich brauche ja nicht viel
sieh den baum auf dass er wächst
dass das haus geweißelt wird
dass die kinder sich nicht fürchten
vor der nacht vor jenem tage
vor den mächten die vernichten
herrgott süßer gib mir morgen
gib mir dass ich weitermache
gib mir gib mir

aus dem Serbischen von Peter Urban

Der Nebel in der Seele

Der Nebel, den man in der Seele hat, ist weißer und unschuldiger als echter Nebel. Auch die Sonne kann ihn nicht auflösen.

Dieser Nebel kann sich in alles verwandeln: in einen Stein, in einen Fluss, in eine Kamillenblüte ...

Ja, er kann sich in alles verwandeln. Und wenn du ihn siehst, kannst du dich glücklich schätzen. Du bist damit glücklich, dass du auch den Anderen diesen schönen Nebel zeigen kannst – du schickst ihn langsam fort. Die Anderen sehen jetzt in den eigenen Seelen die Schönheit deines Nebels. Du musst sehr große Reinheit in dir tragen, damit es dir gelingt, deinen Nebel den Anderen zu zeigen.

Warum stand Wascha Pschawela einmal vor der Schenke „Der Bartlose“ und wagte nicht hineinzugehen? Weil darinnen Ilia Tschawtschawadze saß. Weil er vor ihm Respekt hatte. Wascha Pschawela hatte eine reine Seele, so rein, dass Andere darüber lachten.

Lass die Anderen doch lachen, es macht nichts! Wascha hat in seiner Seele den reinen Nebel gesehen. Es gelingt ihm immer, uns und unserer Nachkommenschaft diesen weißen Nebel zu zeigen.

Der reine Nebel der Seele verschwindet niemals ...

Der reine Nebel der Seele ist der zu dir gekommene Gott. Und Gott verschwindet niemals.

aus dem Georgischen von Irma Shiolaschvili und Joachim Britze

„Going underground“

Zwei fremde Wesen kommen aus der fernen Zukunft,
um die Dichtung zu pfählen.
Eines von ihnen ist Goethe und das andere eine Melone.

Die dunkle Seite des Mondes bleibt unerforschlich.

„Dahin verschleppten die Magyaren die antike Schönheit,
und nun weint sie dort in den Tiefen der Krater!“
– sagt Goethe. (Er hat eine elektrische Harfe.)

Die fremden Wesen könnten auch humanoid sein,
in den meisten Fällen – eine Täuschung – sind sie das auch.

Dies bedeutet, das Wunder in Menschengestalt ist schlicht
und einfach eine Verschwörung. Dazu hat die Melone
auch noch eine Meinung.

„Kaum, dass wir aus der Zukunft angekommen sind,
steigen wir in die Kanäle hinab, um Hirnanhangdrüsen
zu sammeln. Das soll Gerechtigkeit sein, das Widerstand?“

Denn die Drüsen steigern Goethes Libido,
und sobald der Geist der Nacht ihn in Flammen aufgehen lässt,
wird er tief in einem modrigen Keller seine Harfe erklingen lassen.

„Heute überschreiben wir die Geschichte mit Poesie!
Wir bohren ein Loch hinein, in dem Milch, Pilze,
Humanoide und Goethe verschwinden.“

...

Die Unerforschlichkeit des Mondes ist nicht zwangsläufig ein Paradoxon,
sondern das Ergebnis eines einfachen Messfehlers, aus dem folgt,
dass der Mond nicht existiert.

aus dem Ungarischen von Orsolya Kalász und Monika Rinck

Scifi-Szenario

Überintelligente Dingwesen werden
das menschliche Tier völlig ersetzen –
Quantengehirne mit endlosem Gedächtnis –
ohne törichte Leidenschaften und schlaflose Nächte.

Mit immer weniger Bedürfnis nach Raum
aus immer weniger Materie hergestellt
fast unstofflich, nur reines Bewusstsein.

Sie ernähren sich sparsam mit Lichtstrahlen.
Ihr innigstes Glück: das grenzenlose Denken.

Und wenn sie den Geheimplan des Universums
mit Neutrinosblicken endlich durchdringen
staunen sie über den bescheidenen
äonenalten Weltprogrammierer
der ihnen eine faltige Menschenhand reicht.

Weltdrehung

Das Haus ist immer *zu Hause*
still dreht es sich nach der Sonne
auf den Vogelfüssen.

Wenn du über die Schwelle trittst
steht das Haus mitten im Wald
aber beim Rausgehen durch dieselbe Tür
(nach einer Hausdrehung!)
spürst du den Sand, das Meer an den Füssen.

Du kannst immer wieder rein- und rausgehen
es wird jedes Mal eine neue Landschaft –
den Weg zurück findest du nicht mehr
nur das Haus kennt ihn.

Aber das Haus ist überall *zu Hause*
nachts wenn der ganze Himmel nur Sterne ist
die sich um sich und um alles drehen
dreht sich das Haus nach ihnen
auf Vogelfüssen.

Ausgrabung

Auch die besten Gedichte werden unter
dem Zeitgeriesel begraben
und wenn völlig andere Sternbilder am Himmel funkeln
kommen Archäologen von Exoplaneten
und graben die Gedichtescherben aus
und obwohl sie ihre Blütezeit
schon längst hinter sich haben
und wie amputierte Körper
nur noch Spuren der einstigen Schönheit sind
raubt den Entdeckern jegliche Ruhe
die verwegene Poesie
die ihre geheimnisvollen
Lücken verschweigt.

Der Traum vom Haus

Dort wo des Nachts Fische
die Körperchen zu festem Land vereinen,
weiden wir Häuser bauen.

Die Verschalung aus Wassertropfen,
Das Dach – perlmutterne Schuppen,
die Fenster – Fischaugen.

In der Morgendämmerung zerfließt das Land
Salz löst uns auf sobald wir den Boden erreichen.

Wälder entstehen, wo Mütter sich die Haare kämmen:
Aus fällendem Haar werden Bäume und Büsche
aus Läusen – wilde Tiere.

Im schwarzen Tann dem die Vogel entfliehen
Wo Finsternis zittert, bieten nackt sich die Stamme dar öffnen sich Tore.

Hier flüstern wir uns den geheimen Baustoff zu:
Häuser reifen ohne zu Ende geträumt zu sein,
gehobelt werden Lager und Schrein, das Kreuz breitet die Arme ...

aus dem Serbischen von Cornelia Marks und Bärbel Schulte

Der Leib

Mein Leib ist ein Fahrzeug das mich trägt
wohin ich will
mein Zeuge mein Späher im Bett
Was er alles von mir weiß und ich von ihm
Ein Trojanisches Pferd voller
Faulpelze Anarchisten Melancholiker

Ich gebe ihm Speise und Trank spioniere durch die
Lider Schlüssellöcher

Mein Leib ist ein lieber Bursche
ich beweine seinen Verschleiß

Verletze dich niehr werde nicht alt
schmerze nicht stirb mir nicht
verlass mich nicht

du mein Leib heirate mich

aus dem Serbischen von Cornelia Marks und Bärbel Schulte

Gelübde

Wenn ich jemals einen Sohn bekomme
geht s von der Mutterbrust gleich in den Käfig
Statt Spielzeug
bringe ich ihm Waldtiere
sollen sie sich beschnuppern
sollen sie sich beißen
soll er ihre Sprache lernen
Wenn er auf die Bärin losgeht
ist er frei für die Braut
Wenn er dem Wolf das Rückgrat bricht
war die Mühe nicht vergebens
Wenn mein Sohn
die Hand abbeißt die ihn nährt
werde ich ihn
zu den Menschen lassen

aus dem Serbischen von Cornelia Marks und Bärbel Schulte

Küsse und Türen

Jedes Mal
Wenn wir einander an der Tür begrüßen
Küssen wir uns,
als hatten wir uns
seit Jahren nicht gesehen

Ich stelle fest,
dass wir uns in all diesen Jahren
öfter an der Tür küssen
als im Schlafzimmer.

aus dem Serbischen von Cornelia Marks und Bärbel Schulte

Mein Lamm

Said sagt Revolution. Meine Haare sind hochgesteckt.
Der Mund von Said und mir ist einen Spalt geöffnet. Wir tauschen Stimmen aus.
Wir glauben an Sümeyra. Meine Haare sind hochgesteckt.

Zu der, die sich zu ihm legt, sagt Said: Geh nie fort. Mein Lamm, sagt er.
Zu dem, der sich zu mir legt, sage ich: Geh nie fort.
Jar û Evin. Jar û Evin.

Wenn ich Wasser zum Waschen fände, fände ich nur Wasser zum Waschen.
Meine Haare so hochgesteckt. So ohne Glanz. So ordentlich.

Wenn einer sagt, er wolle sich für mich opfern, bekomme ich Angst.
Immer wenn ich Angst habe, läuten die Glocken meines Körpers anders.
Immer wenn ich Angst habe, besteigen laut blökend die Böcke die Ziegen.

Sie sagen mein Lamm zu mir – ich sage mein Lamm zu ihnen.

Said sagt Massenmord. Meine Haare sind hochgesteckt.
Der Mund von Said und mir ist dunkel. Wir tauschen Tode aus.
Wir glauben an Süleyman. Meine Haare sind hochgesteckt.

Wenn ich einen Geliebten zum Löschen des Dursts fände, fände ich nur
einen Geliebten zum Löschen des Dursts.
Meine Haare so hochgesteckt. So stumm. So morgenrot.

nach Interlinearversionen
aus dem Türkischen von Şebnem Bahadir und Dilek Dizdar
nachgedichtet von Joachim Sartorius

Wunde

... weil es der Liebe die Sprache verschlagen hat ...
lass uns hinabsteigen auf den Grund ... den Grund des Brunnens
in die Schwärze hinab, in die Stille, in die Angst des Wassers
tiefer hinab als Worte reichen könnten

als hätte ich mich über eine Leinwand ergossen
wäre eingesickert in eine Sinfonie in Moll
du bist nichts mehr als ein müdes Ach in meinem Mund

... weil der Traum vor die Hunde gegangen ist ...
Lass uns fortgehen ... auf in die Ferne der Liebe
Nichts als Asche, Erinnerungen, tote Reste
Und das wüste Schweigen der Berge

aber vergiss nicht
Jeder Brunnen kennt nur die eigene Einsamkeit
Jeder Vogel
empfängt den Morgen
mit seinem Lied

nach Interlinearversionen
aus dem Türkischen von Şebnem Bahadir und Dilek Dizdar
nachgedichtet von Sabine Küchler

Das Täubchen

Im schwindenden Hof sieht man
die Wände bröckeln
den Himmel fallen
und wie manchmal bei Dämmerung
auch hinter die Dinge

Wir haben keinen Ball an dem Abend
und kicken
gewickelte Lumpen

Über den Hof kommt
mit ihrer dicken Brille die alte Frau Furčak
zu uns herüber geschlurft wie ein Gespenst

Nicht das Täubchen treten!
keucht sie in genau dem Moment
als mir ein hoher Schuss gelingt

Der Lumpenball fliegt in den steingrauen Dunst
entwickelt sich in der Höhe, zerfleddert
und segelt abwärts
ein Vogel
dem gerade Flügel wachsen
um wie ein Schatten
auf einem Starkast
der blühenden Kastanie zu landen

/ ...

Weggeflogen!
ruft Frau Furčak erleichtert
und schlurft langsam zurück in die Kindheit

Schon damals hätte ich wissen müssen
dass kein Gedicht dieser Welt
einen Spickzettel abgibt
fürs richtige Leben

aus dem Slowakischen von Sylvia Geist

Kevert

Ich weiß nicht, ob ich Dir schon von meinem verrückten dritten Großvater erzählt habe. Er war Schuster, immer hing ihm eine Zigarette aus dem Mundwinkel und er trug Jackett. Auf seinen Schulterpolstern und in seinen Taschen sammelte sich ganz dick die Asche und überall verstreute er seine Tabakkrümel. Er behauptete, nie zu schlafen, und ich habe ihn auch nie schlafen sehen, trotzdem wusste er immer, was ich geträumt hatte. Dauernd erzählte er, dass er in seinem Leben nur ein einziges Mal auf die Uhr geschaut habe, aber seitdem die Uhrzeit genau wisse. Einmal sahen wir, wie ein Storch in die Hochspannungsleitung flog und der Strom ihn erschlug. Danach nahm er mich das erste Mal in die Kneipe mit. Mein dritter Großvater wollte Gott fotografieren, mit seiner alten Praktica knipste er mir an den unerwartetsten Orten und Zeitpunkten ins Gesicht, oder er lichtete den Himmel ab und betete dann in seiner Dunkelkammer.
Ich glaube, ich habe Dir noch nicht von ihm erzählt. Schließlich fiel mir bei seiner Beerdigung auf, dass Totengräber eigentlich Engel sind, echte Engel. Ich betrank mich an diesem Tag mit ihnen, wir tranken den Fusel aus Birnenlikör und Rum, sie mochten ihn.

aus dem Ungarischen von Orsolya Kalász

* * *

Etwas ist eingeritzt geblieben
in der Kirchenmauer
Namen die verschwinden
und wieder zu sehen sind
hier unter der Apsis
liegen die Kameraden
umgekommen
im vorletzten Krieg
ihre Knochen hallen wieder
von Zeit zu Zeit
als zitterte jemand daß es wieder
Tote geben soll
sie werden dem neuen Sterben
ihre Jugend leihen
und jedes Opfer
wird noch einmal aussprechen
sein Geburtsjahr
und seinen Namen

aus dem Serbischen von Peter Urban

****

Für Grundlagenforschung
ist es jetzt zu spät
nichts ist gewiß
weder wer uns erschaffen hat
damit wir werden wie wir sind
noch warum wir
freiwillig
den Zoologischen Garten verließen
in dem der Mensch nicht
überzählig war

Über all dies
hat ein Prophet gesprochen
dann ein andrer
aber uns bleibt unbegreifliches Mysterium
alles was zum Wesentlichen gehört
während die Wahrheit vergessen ist
in irgend einem Ministerium

aus dem Serbischen von Peter Urban

Mein Bett ist mir zu eng

Mein Bett ist mir zu eng
es könnte auch länger sein
Wer darin schläft
vor Unfrieden nicht gefeit
kracht zusammen
Verlangen werde ich etwas
das wesentlich länger ist
und breit
damit mir der Kopf nicht wehtut
Ich brauche auch nicht viel Schlaf
sondern möchte mich nur ausstrecken
so lang wie ich bin
mich ausstrecken
ein wenig breiter und ein wenig enger
und ausruhen
tief und tiefer
bis ins Mark

aus dem Serbischen von Peter Urban

* * *

Tauschen würde ich gern
mit jenem jungen Menschen
in Seide gestickt
der dasitzt irgendwo in Japan
unter einem Wasserfall
während sich zur gleichen Zeit
ein Licht ausgießt
auf seinen Scheitel
offensichtlich übt er sich
in einem mystischen Zustand
schwebend
zwischen
Mann und Frau
die Zähne zusammengebissen
Fußsohlen und Fersen verkrampft
nach allen Seiten späht er geduckt
so als hätte er eben
zwei-drei Planeten verschluckt

aus dem Serbischen von Peter Urban

* * *

Was sagen die Nonnen
auf der Bank
vor der Kirche
wissen sie nicht was sie erwartet
dort an der Ecke
zwischen niederem Unterholz
und Hochwald
ist Sterben das einzige
was die Geschichte mit uns kann
wo werden sie verstecken
ihre Bücher
wo werden sie beichten
ihre kindlichen Spiele
gibt es Rettung hier
auf der Schwelle wo Bischöfe standen
es gibt nicht
den Pfad der Verlierer
der an uns vorbeigegangen ist
und trotzdem
kommen Worte der Verheißung
auf uns zu
nur weiß man noch nicht
auf welche Wege
sie führen
wenn das Morgenrot aufzieht

aus dem Serbischen von Peter Urban

H.C. Andersen Boulevard 50, klassisch

Den ganzen Tag lang habe ich über die Birne nachgedacht.

ich wachte auf und spürte, wie sie, reif, sich weitet
und zusammenzieht bis ins Mark und die eigenen Kerne
wie ein riesengroßes Herz der Welt.

mittags, wenn die Sonne wirklich an ihrem Platz ist,
stellte ich mir vor, wie Braun und Grün anstelle von Gelb
Liebe in meinen Hinterkopf gießen, in jenes Loch, das Gott
dort hineingebohrt hat.

gleichzeitig dachte ich über die Birne in deinem Mund nach
und ich weiß nicht, was mich mehr erfreut hat:
die Spur aus Spucke, die glänzend deine Zunge herabglitt,
oder dass all das wegen einer Birne geschah.
auch ergriff mich Trauer, die Sehnsucht nach etwas, das dir gehört,
doch der Gedanke an die Birne vertrieb sie
und half mir so, meine Würde zu wahren.

an den Nachmittagen bin ich bisweilen geneigt, neue Dinge zu tun,
ich versuchte also, durch Meditation die Birne aus meinen Gedanken zu vertreiben.
doch es gelang mir nicht, meinen Verstand zu reinigen:
in der Nähe tagte das Kroatische Parlament,
deshalb ist mir nur Unsinn eingefallen,
gefährlicher Unsinn, mit dem ich nichts anzufangen wusste.

/ ...

am frühen Abend war ich schon müde vom vielen Denken,
aber als ich die Augen schloss, sah ich wieder die Birne, wie sie – so frisch –
im Fensterausschnitt pendelte.
ich bekam eine Gänsehaut und stand auf, denn alle schwebenden Dinge sind schrecklich,
ich schloss das Fenster und zog die Gardinen zu, legte mich hin,
doch auch dann verschwand die Birne nicht.

nach all dem, bereits tief in der Nacht, mit der Hand an der Stirn
schien es mir, dass alle Bilder der Welt in ein einziges Bild passen:
die Birne, die riesige, saftige Birne auf ihrem Rachefeldzug, und die Berge,
knotige gelbe Berge: meine Zähne ihr Horizont.

aus dem Kroatischen von Alida Bremer

Das Licht, etwas das kommt

Wie die Hälfte eines Pfirsichs
in seiner südlichen Süße.
wie Himbeeren, wie Erbsen.
ein Rindvieh, das muht
aus dem weißen Bündnis der Knochen.
gebratene Bohnen, die Nieren der Erde,
Fleisch für die Haustiere.
etwas, woraus Milch wird,
wenn die Wege zu lang sind
und der Winter gerecht und heftig.
wie Fisch, wie ein Ragout, irgendwie so.
wir leben leise im Dunkel der Konserve
und dann öffnet jemand den Deckel
und lässt Geräusche und Licht herein;
ein suspektes weißes Licht.

aus dem Kroatischen von Alida Bremer

Aussage, die ich in betrunkenem Zustand am 4. April 2010 gegenüber einer Angestellten der Staatsagentur für das Buchwesen gemacht haben, ohne offiziellen Vermerk

Schlangen schweigen in den Wänden. in den Schlangen gibt es
keine Wände: nur Knochen, Fleisch,
und Gift im Knochen und im Fleisch, das Gift,
das Auge um Auge die Welt in die Stille trägt.

wo es einen derart stumpfen Tropfen gegeben hat, gibt
es keine vollen Kneipen, keine Treppen, keine Bürokraten,
Hühner, die flüstern *komm und nimm mich, nimm mich mit den Zähnen, komm,*
nimm mich in der Stille.

die Welt ist ein Stieglitz, das dünnste schwarze Glas.
ein Blütenstempel, der meine Augen verbrennt wie eine glühende Münze
auf der Motorhaube eines riesigen schwarzen Mähdreschers,
und ein weißer Raum
wie der Rücken eines Mädchens, ich habe gesehen, wie es

mit den Fingern im Herzen wühlt und alles vergisst, der weiße Raum
jenseits und diesseits der Sprache. Schlangen schweigen in den Wänden.
Juden warten auf den Propheten. aus dem Lautsprecher ertönt ein Lied, tote
Hühner flüstern *komm und nimm mich, nimm mich mit den Zähnen, komm,*
nimm mich in der Stille.

die Welt ist ein Stieglitz, ein schwarzes Glas; sie wartet nur auf dich.

aus dem Kroatischen von Alida Bremer

Die Kaptol-Chronik

Die Saison weicht, die Stürme werden stärker, die Feuchtigkeit
hebt die Wellen im Linoleumboden in der Küche.

es ist die Zeit der letzten Listen, der Streifzüge mit Hunden
durch die Vorstadtwälder, der langen Wochenenden, der Bücher,

die man in den sommerlichen Basttaschen vergessen hat,
der Kapitel, die man nie endgültig verdaut hat. ich habe keine Hunde,

und einige Bücher begreife ich einfach nicht, ich murre
und diskutiere über sie mit klügeren Freunden.

es gibt eine Kneipentheke in der Stadt Zagreb, am Ende der Saison
hockt der Schnee immer noch in seinem Sack, und wir polieren sie.

dann löst sich dieser Gletscher, nass und heiß von unseren Ellbögen,
und er macht die Tankstelle dem Himmel gleich.

es ist die Zeit der ausgeschlagenen Zähne, der Körper weich wie Dreck.
ich weiß, dass man das nicht so sagt, und doch weiß ich nicht, wohin mit mir.

der Horizont kommt näher, die Nachmittage werden unerträglich.
die Blätter, Erinnerungscarpaccio, gehen in das universelle Archiv
der Erde über.

/ ...

die nackten Äste kämmen die Sterne, Straßenbahnen schlängeln sich mühsam,
doch das hört man nicht, schwarze Nächte für die Herzen,
am Morgen südliche Finsternis.

ich spüre, wie die Schalter zittern, die Lastwagen, die man im Gras
vergessen hat;
es rauschen die Feiertage vergangener Staaten, es gibt immer noch Blut,
irgendwo.

aus dem Kroatischen von Alida Bremer

La civilisation et moi

abends Bier zu den Tagesthemen
morgens Kaffeetopf Aspirin Jogging
ab und zu im Park gegenüber seit er sich nun
doch einen Computer gekauft hat schreibt er
Musik hört er nicht mehr außer auf kurzen Fahrten
allein im Auto er hat
eine bemerkenswerte Anlage man könnte meinen
im Konzertsaal oder in der Arena zu sitzen nur an der Ampel
guckt manchmal einer schräg herüber ansonsten
macht das Leben Spaß das neue
Jahr hat er mit einem Zwanzigmarkschein in der Rechten
angepackt
in der Linken ein Glas russischen Champagner sehn wir mal
was das bringt denn anderes
hatten wir mehr als genug

aus dem Rumänischen von Edith Konradt

Rinderwahnsinn

mein Magen dieses lebendige Grab
einer ganzen Salaternte eines Flurstücks an Weizen
eines Hektars Mohrrüben samt Hasen
Lämmern Hähnchen Schweinen
Kilometern Weinreben
an Zentnern von Zwetschgen Äpfeln Birnen
und allem was noch dazugehört
und das alles nur um dem Virus einen Gefallen zu tun
das nicht weiß wie die Zeit totschlagen
in dieser Saison die bestimmt nicht gut ausfallen wird
sowohl für die Touristen als auch
vor allem
für
die
einheimischen
Rinder

aus dem Rumänischen von Johann Lippet

Traurige Ehefrau

Wenn ich die Karotten schneide, scheint
das Licht durch jede Scheibe;
runde Fenster, matte Sonnen sind sie alle,
Strahlen auf lichtempfindlich dünnen Platten,
wirre Schriftzüge einer toten Sprache,
die andere wohl lösen könnten – aber ich …?

Im Spülbecken wogt der Schaum auf dem Wasser
und bricht gleich darauf funkelnd zusammen.
Beim Aufräumen zwinkert mir unter dem Bett
ein Knopf zu, den ich verloren glaubte,
ein Knopf von einem alten Kleid, und selbst das andere
der Rausch, lebt still weiter – aber wo?

aus dem Ungarischen von Zsuszanna Gahse

Triptychon

1

Verfluchte Seelen, Säuglinge, vom Bauchweh geplagt,
so brüllen die Katzen in der mondlosen Nacht,
noch sitzen und warten fünf lautlose Schatten
auf ihr Los. Ihre Augen sind splittriges Glas,

wie grüne Lampen eines Zuges, der aus einem
höllischen Tunnel, aus der Tiefe aller Zeiten naht.
„Einen einzigen Kuss ... will sterben ... für dich ..."
so etwas singt die Männerstimme aus dem lädierten

Radio am Küchenfenstergitter vorbei, dann sinken
die Wörter im Hof auf das gerupfte Gras. Drinnen
murrt die Frau im Schlafrock in ihr Weinglas hinein,
murrt über die Hure, mit der ihr Mann ...

2

Durch den Körper der Sodaflasche scheint das Licht
und in zischendem Bogen schwappt ihre Seele ins Glas.
Auf den baumelnden Fliegenfänger an der Lampe fliegt
eine Fliege – im honiggelben Kleister ein zusätzlicher Klacks.

Das Mädchen denkt, anstatt die gewohnte Sendung
zu hören – Frauenwut rennt gegen fetten Männerhochmut
an –, jetzt lieber daran, wie der Mann im Sporttrikot
mit gebräunten, sommersprossig derben Händen

/ ...

ihr vom Sturz zerbeultes Rad zwischen die Knie
klemmte und es zurechtbog – und an das heisere
Flüstern, von dem sie bei der schrillen Tanzmusik
kaum etwas verstand. Die Buden und die Schaukel,

dunkel schauderte hinter ihnen das offene Feld,
die Kälte schlug Wellen im Gold der Abenddämmerung.
Als sei die Welt, wie sie ist, eine bleiche Erinnerung
an eine einzige glühende und furchtbare Unruhe …

3

Die Braut steht im weißen Unterrock und schluchzt:
Ihr Kleid ist vom Bügeln versengt, heiraten möcht sie
nun nicht mehr. Verwandte reden ihr zu, rostrot vom
Küchendampf, Frauen mit O-Beinen und Draht-Dauerwellen.

Wir zwei Kinder sitzen auf Stühlen mit hohen Kissen,
betrachten voller Schrecken den Hühnerkopf, der mit
geschlossenen Lidern in der Fleischsuppe schwimmt.
Später, aus Träumen hochfahrend, lauschen wir

im kleinen Zimmer unter dem kurzen Federbett,
wie sie drüben klopfen und grölen.
Ganz oben zittern Sterne, unten liegt Hühnerkot,
matschige Brombeeren im dunklen Hof …

aus dem Ungarischen von Zsuszanna Gahse

Die Brille

Aus einem winzigen Etui.
springt sie heraus: ein
Kneifer. Lebendiges
Metall mit Ösen, Bögen,
Schlaufen. Nierenförmig
die Brücke, die Gläser
oval. Ein Flaumgewicht.
Der es trug, fiel auf einem
Feld in Galizien, neunzehn-
hundertsechzehn. Schrecklich
jung. Der Krieg rasselte, für
Bücherlesen war keine Zeit.
Das Leben eine Fußnote.
Ich betrachte die Brille wie
ein frisch ausgeschlüpftes
Wesen. Findig liegt sie da,
wandert auf mein Gesicht.
Er, ich, dazwischen Epochen.
Und Blicke, die sich in keinem
Diesseits treffen. Wenn die
Gläser nur erzählen könnten.
Von einem einzigen Tag.
Von einer einzigen Nacht
im Arm einer Frau. Und von
Blumen. Ohne Diminutive,
ganz ohne. Ich habe ein Kälte-
gefühl, aber was Fahnengefühl

...

ist, weiß ich nicht. Und nichts
von Soldatengehorsam. Sein
Herz hämmerte bis in die
Fingerspitzen. Er spürte die
hauchdünne Membran, die ihn
vom Wahnsinn trennte. Der Tod
kam trübe. Sag ich mir. Kam
wie Herbst und siegte. Trüb
sind die Gläser. Aber sie sind.

Odessa, klaffende Lücken

Es gibt sie nicht mehr,
die Chaims Jankels Mendels,
die Solomontschiks mit flammendem Haar,
die wüsten Gauner von der Moldawanka,
die Makler Taubenschläge Narren,
den Pesthügel und die zahnlosen Alten,
die Zaddiks mit karminrot gemaltem Bart,
Krähenschwärme, auf Särgen Altäre,
zu Asche verbrannt.
Es gibt McDonald's Starbucks Fendi,
gesalzene Profiteure, Bettler und nachts
zwei Mädchen zu Ross auf dem Primorskij:
Sitz auf, wir halten Wacht.

Bukarest, Sfântul Georghe Nou

Beim Betreten der Kirche die
ondulierende Stimme des
Sängers, auf ab, in Sanftmut.
Sonst aber Marktplatzstimmung,
ein Kommen und Gehen von
Frauen mit Broten, Kindern
mit Körben, Popen mit Taschen,
als sei alles Essbare gesegnet
worden für dürftige Tage.
Ein Priester in Blau berät ein
Paar, die Schlange vor dem
Kerzenstand ist lang wie ein
Zottel, und braun schauen
die Gesichter unter den
festgezurrten Kopftüchern
hervor. Mütterchen, Jungfraun,
Halbengel, Huren mit traurigem
Blick. Es ist ein Sonntag, der
Trost verspricht, wenn du nur
glaubst. Aus der Kuppel segnet
ER seine Herde, die Heiligen
und Apostel stehen Spalier,
während Maria ihren Fuß
anmutig abspreizt, den
Flehenden zum Pläsier.
Draußen die Bettler und
Invaliden, benommen von
der Stimme, die singt wie in
alle Ewigkeit. Was soll da die
rollende Münze, kürzer als
die Hoffnung ist nur die Zeit.

Sonntag im März

Heute trifft Blütenschaum auf Schnee
die Landung ins Glück ist vereitelt
weiß auf weiß wie weiter
der Akkusativ hat sich davongemacht
also ich liebe dir oder ich liebe dir nicht
wenn der Märzhimmel dies wüsste
eine plastische Wolke segelt vorbei
und schneit sich blumig aus
Trauma oder Katarakt der Tränen
und Träume frag ich mich (frage
den Sohn) und greife nach dem
Korianderkeks aus Kroatien
die Plätzchen verhindern den
Aufschrei bis die Augen sich
weinend aus dem Fenster lehnen
eine schöne Sonntagsbescherung
noch nie von Fitnessstudio gehört?
da gehör ich wohl hin um schutz-
befohlen in Maschinen zu schwitzen
Salz und Trance und Kollaps des
Nominativs aber sieh: am
Wolkenrand eine stürmische Sonne

Ich werkte auf dem Schwimmbagger in der Siedlung Kytlým,
wovon ich später
in fesselnder Prosa berichte,
schloss mich dem Mafioso an, der ins Volke ging,
genoss mit der Thekenfrau den nächtlichen Himmel.
Hier wurde ich dreist, erstand den gestreiften Blouson,
zergerbte meine Finger
mit Selbstgedrehten,
besuchte an Samstagen Tanzdielen und Feten
und verdrosch – gleichgestellt – die Jungs vom Bau-Bataillon.
Mein Gott, lass meine Seele nicht im Bösen stehen,
ich geh wie Sluzki an die Front,
wie Steinberg auf die Liegen,
ich will zurück, die Schafherden nochmals sehen –
auf schwarzen Lastern zum blauen Himmel fliegen.
Ja, vielleicht ist alles Rauch ohne Feuer, und,
ja, Schauspielerei: Herumgestrolche,
Schnapsgelalle.
Doch wen betrügst du da! Das heißt, nicht ohne Grund
sie mich liebten, in der Siedlung der seltenen Metalle.

aus dem Russischen von Robert Hodel

Knarze nicht! Knarze nicht!

Das einzig Wichtige ist, dass du hier bist.
Alles andere, dein weißer oder schwarzer Leib,
wie du daliegst, verwundet und durchschauert,
schließt keinen Frieden mit meinem Kopf.
Die Hiebe mit der Peitsche sind wichtig.
Knackige, süße Hohlräume des Herzens.

Und wenn ich an deinen Händen reiße wie am toten Hektor,
und du sagst, es reicht, du bist bescheuert,
gehen wir die Treppe hoch ins Kino,
meine Zunge schlabbert, wenn ich daran denke
dich erneut zu dehnen, auf diesem dicken Teppich.

Dich hinunterzuziehen auf das dichte weiche Gras,
dein süßlich verschwitztes Haar noch in der Nase.

aus dem Slowenischen von Gregor Podlogar und Monika Rinck

Kitsch

Einen Hermaphroditen zu ficken, ist furchtbar schwierig.
Du weißt nicht, worum es dabei geht.
Parapha! Luftwirbel! Schwimmst du noch?
Du brichst Eingeweide und Hörner entzwei.
Seide beschichtet dich überall, zur Isolation.
Du kannst die Poren scannen, das wars.
Im Wollknäuel knarrt das Parkett
Es geht um die Gestalt.
Die Stille erscheint in Äolus.
Die Bäume schmerzen dich.
Und auf die Harfe ist eine Figur
aus Glanzpapier geklebt.
Du ziehst die Flüchtlingshosen an.
Port Royal. Ich gehe, stumm und
voller Verlangen.

aus dem Slowenischen von Gregor Podlogar und Monika Rinck

Sprache

Du bist ein Edelstein, aus meiner Kraft gemacht. Ich esse dich
wie einen Eiswürfel. Du ziehst meine Arme von der Schulter
und lagerst sie ein wie Brennholz. Du vermehrst sie.
Ich bin verwüstet. Mein Götzenbild ist kaputt. Du bist mein Lehm,
meine Sprache, Spucke auf meiner geschlossenen Faust. Und damit
mein Blut nicht an deinem Samen erstickt, musst du mich
in Scheiben schneiden. Schau. Ich stecke einer Kuh meine Faust
in den Mund und streue Gänseblümchen ins Flussbecken. Du bist grau,
feucht und aus Asche, wenn ich die felsigen Wände des Seeufers
anstarre. Weißt du, wie sich dein Bauch von innen anfühlt?
Es ist so, als würdest du mit dem Handrücken an deiner
weißen belegten Zunge reiben wie in deiner Kindheit. Ich will,
dass du dich aus Liebe auf deine Knie wirfst und dir den Kopf
dabei ein wenig aufschlägst. Ich will, dass du in Ohnmacht fällst.

aus dem Slowenischen von Gregor Podlogar und Monika Rinck

I/I/73

Guten Morgen, Sonne!
Guten Morgen, Neues Jahr!
Guten Morgen allen Slovenen auf Erden,
allen Feinden und Lauen,
guten Morgen!
Guten Morgen, Mâruska, wenn du aufwachst,
guten Morgen, Ana, Kätzchen!
Hi, Ron!
Guten Morgen, Bob,
guten Morgen, Francie!
Guten Morgen, Anselm und Josephine!
Wir sind das PENG im Neuen Jahr,
in einem schönen neuen Tag, Tag!
Guten Morgen, Eichhörnchen!
Guten Morgen, Mama und Vater,
guten Morgen, Großmama!
Guten Morgen, Stane Dolanc!
Ich wünsche dir, du brächtest etwas Zärtlichkeit
nach Jugoslavien!
Dir guten Morgen noch einmal,
der du auf Menschen Druck ausübst!
Hör auf, die Menschen zu unterdrücken!
Guten Morgen, Ljubljana!
Verzweifle nicht, guten Morgen!
Guten Morgen, Čoban, sei nicht traurig!
Guten Morgen, junge slovenische Dichter,
laßt euch nicht einschüchtern!
Guten Morgen, Klerikale und Parteimitglieder,

...

allen wünsch ich einen guten Morgen.
Wirklich von Herzen
wünsche ich allen Menschen auf Erden einen schönen, hohen Tag!

aus dem Slowenischen von Peter Urban

Helft mir!

Die Sterne schneiden.
Dein Blick hat mir das Blut gebrochen.
Ausgetrunken hast du mir die Kraft, um
einen Schatten zu werfen.
Der Schmerz, der mich noch schützt
vor dem Kristall,
zittert wie ein blinder und müder
Hund.
Zerhackt hast du mich, so daß ich
den Kopf nicht mehr bewegen kann.
Ich fließe ab, wahrend du tief atmend schläfst.
Du hast mich zu Tode gequält.
Ich werde mich dir nicht mehr widersetzen.
Doch bevor der letzte Tropfen
abfließt, werde ich mir
Gewalt antun und dich
verwandeln in mein
Denkmal.

aus dem Slowenischen von Peter Urban

Golem

Nachdenklich bist du.
Gekommen bist du, um mich anzuschauen.
Wie ein Olivenzweig bin ich, dein Gesicht.
Die Häuser brennen in der Sonne.
Die Brücke verklebt von Stein zu Stein
und der Himmel nagt.
Hände nehmen mich in Besitz.
Ich höre das Verrücken weicher Spitzen.
Ich rauche.
Ich hauche in dich und versuche
dein Obst, Fußgänger.
Ein Schaf, das sich an einem Felsen reibt,
die Fenster sind im Schlaf erstarrt.
Übergossen bin ich mit süßer Übung.
Ich wickle deine Riegel ein.
Und schäle den schwarzen, seidenen
Palast deines warmen Atems,
die Zeitweiligkeit deines Lebens.

aus dem Slowenischen von Peter Urban

Die Physikerin. Eine Nacht

Sie trug ihre schönste Haut,
Denn es war Sonntagabend. Und sie hatte
Schwarzen Lidschatten unter den Augen.

Ihr hellblaues Kleid war ein Fetzen
Moskauer Himmel im Hotel.
Wir hatten es eilig, rieben

Ungeduldig die nackten Körper
Aneinander, setzten sie in Brand.
Noch nie hatte ich so einen

Sonnenaufgang erlebt. Zurück blieb
Ein Zimmer voller Rauch und Asche.
Eine verlassene Wodkaflasche.

Nachruf

Es gibt eine Wahrheit
Der Sprache und es gibt eine
Wahrheit des Schweigens.
Sprechen wir doch einmal offen
Über den Tod und die Liebe,

Über Hautkrebs und Nachruf
Und die kurze Zeit,
Wo sich Wege kreuzen,

Denn es gibt auch das Ende
Der Erschöpfung und es gibt das
Ende der Berührung.
Das Glück, sagst du, lebt mit uns
In der Sonne und steckt in Wahrheit

In der Fingerkuppe. Umarme mich
So fest du kannst, Liebster, dann ziehen wir
Uns zurück ins Vergehen.

* * *

Selbst wenn wir uns verstecken wollten,
Von wo es kein Zurück mehr gibt,
Werden wir – wie Morgentau –
Jeden Morgen hier erwachen,
In unsern weichen Betten,
Die auftreibenden Rosen ähneln,
Alle Dinge laufen uns davon
Und wenn wir sie nicht
Gleich früh morgens jagen,
Kriegen wir sie niemals wieder.
Auch der Staub ist hinter ihnen her
Um sie zu bedecken,
Auch das Alte ihnen auf der Spur –
Um sie zu beruhigen
Und stumm zu machen.
Und am Ende liegen die gehetzten Dinge
In unsern Zimmern da
Wie Hieroglyphen,
Wie ein Haus, das man nicht lesen kann.
Die nächste Seite aufgeschlagen, heißt es da,
Eure Geschichten, lest sie vor!
Aber ich habe keine nächste Seite.
Meine Poren sind ein Ziegelofen
Und darin liegen unsere armen Kinder
Liegen dort mit halbem Leib,
Damit wir schöne Lügen backen,
Als ob ich bei euch wäre,
Kummer hätte.

/ ...

Und der Abendnebel, wie ein Löschpapier,
Saugt Unerzähltes aus den öden Tagen.
Schau her, wie aufgeräumt
es in mir ist.

aus dem Georgischen von Norbert Hummelt

Die Toten

Es wäre besser, so zu sterben, dass
man mindestens einen halben Tag lang
nach dem Tode immer noch gehen könnte.
Dann könnte man diejenigen besuchen,
die man auswählen würde
nach den in den Fußsohlen eingeschriebenen Adressen.
Die irgendwann
an ihrer Haustür die Klinke entfernten,
damit du die
Unangemessenheit deiner Besuche verstandst.
Den Toten verurteilt man nicht,
du könntest dann mit geschlossenen Augen alle besuchen,
blau verfärbt, aber noch ein bisschen warm.
Man bräuchte nicht mehr zu den Trauerfeiern zu kommen,
du könntest um die lebenden Körper der Freunde
einen Kreis ziehen.
Man müsste dir nichts mehr sagen,
um sich zu rechtfertigen
und du brauchst nichts mehr,
wenn du tot bist
Nur die Fähigkeit, dich zu bewegen,
damit man dich sieht, wie du bist
wenn du schon weg vom Leben bist,
und damit sie dir gestehen, dass sie
die so einfachen,
marginalen Dinge der Liebe verloren haben,
weil man dir, dem Toten, die Türen verschlossen hat.

aus dem Georgischen von Sabine Schiffner

Im Dorf

bleibt der Mensch mit sich selbst allein.
langsam steigt der Rauch aus seinem Schornstein
zu einer glatten, dichten Säule
erstarrt. bevor der Mensch das Haus verlässt
mit einem leeren Eimer, um einfach
Wasser zu holen, macht er Licht an,
hebt den Himmel, ordnet den Wald,
klebt an den Himmel Pappwolken. weiter
inszeniert er Donner oder Schneefall
(abhängig von der Jahreszeit).
im Grunde geht dieser Mensch mit dem Eimer
von einem Haus zum nächsten
und bleibt, wie er ist.

aus dem Russischen von Sergej Tenjatnikow

Der Mantel

fällt über einen Menschen her,
reißt ihm die Knöpfe ab,
renkt die Ärmel aus –
scheuert / quetscht / reißt / schneidet
und schmeißt ihn an den Haken.
und der Mensch hängt in der Garderobe,
vergessen, nutzlos,
und atmet schwer,
mit dem ausgestreckten
rosafarbenen Futter.

aus dem Russischen von Sergej Tenjatnikow

In der Nacht zu Samstag

In der Nacht zu Samstag fiel der letzte Schnee.
Er ähnelte den Ringen nasser Wolle –
als ob eine Schafherde oben geschoren wurde.
Die Wolle warf man runter.
Lindenzweige zuckten und ließen
diese Ringe auf die Straße fallen.

In der Nacht zu Samstag fiel der letzte Schnee.
Im Schnee ging ein Mensch und hinterließ
eine schwarze Spur. Der Schnee schien ihm
des großen Winters undenkbarer Anfang zu sein:
als wenn kein März wäre,
sondern die Zeit des Steinbocks bevorstünde.

Zum Lachen? Natürlich zum Lachen.
In seiner Tasche lag ein Ticket an die See.
Dazu noch diese Datscha. Er hatte vor,
die Terrasse neu anzustreichen.
„Und nun ist Winter. Eine tolle Geschichte!
Der Sommer war sehr kurz ..."

Bei diesen Gedanken lächelte der Mensch.
Er bedauerte nicht, was geschehen war.
Die Schneeringe fielen auf die Erde
und schaukelten die Lindenzweige.
Geschorene Schafe auf der Straße
kauten den Schnee, ohne den Winter zu beachten.

aus dem Russischen von Sergej Tenjatnikow

Der Neujahrsbaum auf dem Manege-Platz

Meine Frau ist koreanischer Abstammung
(diese Tatsache ist relevant für die Handlung)
[13.00] Ich verließ die Wohnung mit dem Kind.
An jenem Samstag gingen wir
wie üblich spazieren – plötzlich
[13.20] kam mir der Gedanke ihm
den Neujahrsbaum zu zeigen.
Wir [13.30] gingen die Nikitskaja-Straße hinunter.
[13.45] Der Neujahrsbaum an der Manege
war hässlich – Werbung statt Neujahrsdekor!
Und ich [13.50] beschloss zur Eisbahn zu fahren.
Auf dem Tschistoprudny-Boulevard [14.15]
gab es eine Demo. Manche Verteidiger Moskaus
kamen mit Kindern, und diese benutzten sofort
den Gehweg um das Gribojedow-Denkmal als Rutsche.
Müde vom Spielen [14.45] hing mein Junge an meinem Arm.
Ich [14.50] erinnerte mich an die Eisbahn.
Auf dem Teich [15.10] liefen Teenagemädchen
in weißen Kunstlaufschlittschuhen.
Sie sprachen Französisch.
„Merkwürdig!", dachte ich [15.20],
„noch gestern war ich im Dorf, saß in der Banja,
und heute eine Demo, Französinnen ..."
[16.00] ... Vor der Kälte fliehend,
ging ich in eine Bar. Auf ex getrunken
[16.30] und ein zweites Mal [16.35],
dann brachte ich das Kind auf die Toilette.
Nun konnte man zum Ochotny Rjad fahren.

...

Auf der Rolltreppe [17.00] schaute ich auf das Handy
– 19 verpasste Anrufe! Ich rief meine Frau an.
„Meide die Metro!“ Sie war in Panik.
Und: „Ich kann nicht nach Hause kommen ...“
Wir rannten zurück auf die Straße [17.10],
hielten ein Taxi an [17.15] und rasten
zur Nikitskaja-Straße durch die leere Stadt.
... Meine Frau (sie ging mit Einkäufen nach Hause)
versteckte sich vor Hooligans
im Bogen der Rachmaninow-Konzerthalle.
Als ich sie [17.40] ins Auto zerrte,
packte sie das Kind und fing an zu weinen.
Vor ihren Augen schlugen sie einen Touristen
zusammen. Sie hatte Angst um das Kind.
Sie [17.44] wollte nicht in diesem Land leben.
... Den noch vor Kurzem leeren und kalten Platz
bedeckte ein rosa Nebelschleier.
Der hässliche Neujahrsbaum war verschwunden,
nur die Tannenzweige lagen herum
wie nach einer Beerdigung.
Scharen von Neonazis schwankten wie Algen,
und unser Auto schwamm ähnlich
einem gleichgültigen Fisch dadurch.
Ich verspürte weder Zorn noch Ekel.
Erstaunen war alles, was mir übrig blieb:
„Was wäre, wenn ich das Handy
in der Metro nicht gehört hatte
und nicht zu diesem Platz gekommen wäre?“
Die Welten, die uns umgaben, die Welten
der Menschen, die in der Twerskaja-Straße speisten

...

und die wie Besessene am Kreml randalierten,
die Welten der Schlittschuhläuferinnen
und der Verteidiger des alten Moskaus,
sahen erschreckend unterschiedlich aus
und doch miteinander verwandt.
Sie waren durch eine dünne (wie eine Autoscheibe)
und gleichzeitig unzerstörbare (wie die Ziffer 1
zwischen den Nullen des Jahres, welches
friedlich nicht zu Ende gehen wollte)
Grenze voneinander getrennt.
Diese Grenze war umso fester,
denn sie verlief nicht draußen,
sondern im Inneren jedes Einzelnen.
Und ich spürte diese Grenze.
Was sah das Kind aus dem Auto?
[18.30] Es schlief.

aus dem Russischen von Sergej Tenjatnikow

die young and leave a good-looking corpse

so röhren die rocker
aber hier ist ein total anderer planet
am Padež
vergeht die elfte stunde der wache
die erste nach Smajos tod
wir haben eine ganze tüte designergras geraucht
Sadmir schoss manchmal über die brustwehr
und sprengte auf dem maschinengewehr das vordere visier
über den baumstämmen die den zugang
zu unserem unterstand schützten
ein paar splitter des visiers
trafen ihn über der linken braue
Hajrija versorgte die wunde mit einem notverband
das reichte nichtmal für eine krankschreibung von 24 stunden

die young and leave a good-looking corpse
so röhren die rocker
ich schiss auf eine schaufel im schlamm hinter der stellung
und schmiss die heiße scheiße ins niemandsland
ich pisste in eine blechbüchse krumm wie ein wurm im schützengraben
und wässerte das rottende laub unter den füßen
ich sagte zu mir:
ich werde mir weder die hände waschen
noch das gesicht
ich werde mich nicht rasieren
oder mir die nägel schneiden
was solls wie meine leiche aussieht

...

meine rippen vermache ich gott zu künftigen evas
meine ohrenmuscheln sollen zu pilzen
werden nervengeflechten aus denen die myzelien
eines besseren menschen wachsen.

nach Interlinearversionen
aus dem Bosnischen von Hanna Stoji
nachgedichtet von Brigitte Oleschinski

wie ich kurz anhielt, als ich über den Markale ging

ich sah einen Engel auf dem Markt
er saß auf dem Blechdach von einem der Stände
unter ihm lagerten in Holzkisten
Paprika Tomaten Frühkartoffeln
Kraut Zwiebeln & Spinat
er ließ die Beine baumeln
fuhr den Menschen vorsichtig durchs Haar
einem Käufer rupfte er den Hut vom Kopf
ein Wind ging und verzwirbelte die Gerüche
der frischen Früchte vielen Gemüse Blumen & Fische
er blickte den Menschen direkt ins Gesicht
taxierte die Verkäufer beim Justieren der Waagen
starrte auf ihre geschwollenen rissigen Hände
begann zu weinen als er eine ältere Frau sah
wie sie faules Gemüse vom Boden las
dann setzte leichter Regen ein
hellblaue Tinte floss
von den Blütenblättern der gefärbten Margeriten
die nun wirkten wie zu stark geschminkte Freudenmädchen
denen die Tränen kommen
der Engel breitete die Flügel aus und stieg in die Lüfte
ich stell mir vor wie er in Nacht gehüllt
einem Händler der beim Wiegen trickst das Herz rausrisse
gäbe es poetische Gerechtigkeit
aber ich glaub nicht dran
denn zuallererst repräsentieren Engel nur
und frieren nackt in ihren Fresken.

nach Interlinearversionen
aus dem Bosnischen von Hanna Stojić
nachgedichtet von Ron Winkler

Der Schmerz Nummer siebzehn

Der Schmerz Nummer siebzehn
Und der Schmerz Nummer drei
Nein, besser der Schmerz Nummer fünf
Der Schmerz Nummer zehn geht auch
Der Schmerz Nummer neun ist etwas schwächer
Dafür knallt der Schmerz Nummer dreizehn richtig
Kein Vergleich mit dem Schmerz Nummer sechs
Wie ihr wollt, ich bleibe bei meiner Meinung
Nur der Schmerz Nummer siebzehn
Nur der reine Schmerz

aus dem Russischen von Sergej Tenjatnikow

Staatliche Diätologie

bei der ostdeutschen Stasi
gab's eine Methode Menschen um den Verstand zu bringen
wenn jemand das Haus verließ
drangen Agenten ein
die nichts zerbrachen
nichts beschädigten
sie stellten lediglich
kleine sehr persönliche Gegenstände um
Statuetten Fotos Bücher
über Monate hinweg

manchmal wenn graue Tiere um Nahrung kämpfen
würgen sie alles hastig herunter
und erbrechen es wieder
um es später in Ruhe essen zu können
irgendwessen kleine sehr persönliche Gegenstände
Statuetten
Fotos
Bücher

aus dem Russischen von Robert Hodel

Oktober

Hier mein Oktober
mein grüngefärbter Oktober
mein nicht vergilbter Oktober
mein mit unverblichener Kindheit behafteter Oktober
mein an Frühling voller Oktober
mein mit Emotionen voller Oktober
ein in einem Korb voll grüner Blätter zerstreuter Oktober
ein am Anfang des Lebens stehender Oktober
ein dem Herzen eines 16-jährigen Mädchens gleicher Oktober
ein nicht mit der Realität Seit an Seit laufender Oktober
ein mit Vogelgezwitscher anstatt mit reifen Früchten voller Oktober
ein mit Blumenduft anstatt mit reifen Früchten voller Oktober
ein auf dem Kopf stehender Oktober
ein von den Träumen einer Dichterin voller Oktober
ein mit den Aprilmonaten einer Dichterin gefüllter Oktober
ein irrsinnig gewordener Oktober
den habe ich auf ein großes Tablett gestellt
und dir zum Abendessen gebracht.

Jetzt ist es deine Sache
wie du mit den grünen Blättern meiner Seele
den heutigen Abend schmücken wirst
ein wenig sonnig, ein wenig langweilig.
Es ist deine Sache
wie meine und deine Realität einander überkreuzen
wie mein und dein Oktober zueinander passen.

/ ...

Es ist deine Sache
wie zu deinen praktischen Vorstellungen
zu deiner Herbsternte
meine auf dem Kopf stehende Welt sich fügt
wie du an der Tafel dir gegenüber
meinen mit Blumen übersäten Körper sitzen lässt
wie ich dir gefalle
wenn aus meinen Augen
die Schwalben des Aprils herausfliegen.
Stell Herbstobst auf die Tafel und lade mich dazu!
Ich komme
setze mich hin und erzähle
was ich fühle
wenn die Ernte von grünen Blättern laut nach mir ruft.

aus dem Georgischen von Joachim Britze

Meine afghanischen Mädchen

Ich will über afghanische Mädchen erzählen –
über meine kopftuchtragenden afghanischen Mädchen,
die in Kabul geboren sind
und denen schon im Babyalter von ihren Vätern
mit dem Finger gedroht wurde:
Du bist ein Mädchen und ich will deine Stimme nicht hören …
Das haben ihre Augen aufgenommen
und wenn sie mich anschauen,
sehe ich dieses verzweifelte Baby in ihren Augen!
Wenn sie mich anschauen,
sehe ich, wie sie sich
nach meiner georgischen Freimütigkeit
und nach deutscher Freiheit sehnen,
nach meinen schön geschnittenen Haaren
und den am Körper wie angegossen sitzenden Kleidern …
Vielleicht sehe ich manchmal aus wie in ihren Träumen,
manchmal wie ein ihnen kummervoll
unerfüllt gebliebener Traum –
der sehr tief und empfindlich ist.

aus dem Georgischen von Irma Shiolaschwili
nachgedichtet von Sabine Schiffner

Bäume

Diese Bäume, schau dir bloß diese Bäume an!
Wie kann man sie einfach nicht bemerken?!
Wie kann man ihr Grün wortlos schlucken?
Wie kann man an ihnen vorüber laufen und sich nicht wundern?
Den Kopf heben und nicht total erstaunt sein?
Wie kann man in den Augen die frischen Farben blühen lassen
und die Welt danach noch normal wahrnehmen?
Ich bin genauso wie diese Bäume,
die du vor unserem Haus gepflanzt hast.
Ich bin genauso wie sie in die Höhe gewachsen.
Ich möchte genauso wie sie
den ganzen Tag lang meine Augen zum Himmel richten.
Ich möchte, dass Grün auf meinen Schultern gut aussieht
und ich möchte etwas Braun an meinen Füßen,
dass an meinen Fußsohlen Erdschollen kleben,
damit ich für immer nahe bei der Erde bleibe,
auch wenn ich weit fort bin,
damit ich mir die Gräser ringsum zu Freunden mache
und ihnen mit einem Mund voller Erde erzählen kann,
wie die Liebe mich erwachsen gemacht hat.

aus dem Georgischen von Irma Shiolaschwili
nachgedichtet von Sabine Schiffner

*

auch wenn wir uns nicht mehr begegnen
wir sind uns schon begegnet

auch wenn wir nicht mehr in den himmel steigen
wir sind schon in den himmel gestiegen

wir müssen uns nicht mehr betrinken
so trunken sind wir

und wir hören nicht auf zu singen
über dem abgrund des krieges

23.01.2022

aus dem Russischen von Andreas Weihe

*

die zukunft steigt
aus einem ukrainischen keller
und blinzelt gegen das licht

02.03.2022

aus dem Russischen von Andreas Weihe

*

in den supermärkten
die regale leer

etwas ganz neues

Europa
schlägt wie das herz einer mutter
wimmelt wie ein ameisenhaufen
ein einziges flüchtlingslager

etwas ganz neues entsteht

Tschernihiw Mariupol Charkiw Mykolajiw
ukrainische städte
verwandeln sich vor unseren augen in ruinen
die Ukraine verblutet schon zwanzig tage
unter den trümmern der krankenhäuser und entbindungsstationen
auf den schlachtfeldern
verliert ihre kinder
ergibt sich nicht
kämpft mit dem feind auf leben und tod
für ehre und freiheit
für das leben

etwas ganz neues entsteht
vor unseren augen

16.03.2022

aus dem Russischen von Andreas Weihe

*

wir haben mit ukrainern gesprochen
per zoom

über die alltäglichkeit des krieges
über vorlesungen im krieg

über die unerträgliche momentewigkeit

Igor Tschernjawski* mit seiner geige
gleichzeitig
im Kongress der USA
und in einem charkiwer hochhaus
zwischen zwei raketeneinschlägen

über die heerschar der engel
und die soldaten der ukrainischen armee
die stehen
schulter an schulter

über Rameau und Péguy
über die hoffnung

18.03.2022

* Während der Video-Ansprache des ukrainischen Präsidenten Selensky an den Kongress der USA am 16.03.2022 wurde auch ein Video gezeigt, auf dem der Charkiwer Musiker Igor Tschernjawski zu hören war.

aus dem Russischen von Andreas Weihe

* * *

wir stritten darüber
wonach altes laub
riecht
nach melone
oder nach gurke

entweder gurke
oder melone
mit einer zutat an
zimt
kümmel
dill
nelken
und dem rausch deiner augen

aber nicht nach pfeffer
nach pfeffer nicht

aus dem Russischen von Andreas Weihe

Pillepalle-Lied

sie kamen auf unsere erde
fremdlinge
sie gingen zu fuß unter die erde
fremdlinge

sie huben zuerst eine grube aus
sonderlinge
dann riefen sie auf jiddisch nach mama
sonderlinge

sie lebten einst unter uns
fremdlinge
dann wurden sie gleichsam träume
fremdlinge

sie schrecken uns auf des nachts
sonderlinge
aber wir zucken nur mit den schultern
sonderlinge

sie verschwanden im ghetto von minsk
für immer
sie waren irgendwann irgendwo
pillepalle
dummes zeug

aus dem Russischen von Andreas Weihe

* * *

der dichter
wie jeder mensch
will verschlafen
all diesen schrecken
er
gleitet unverhofft
in den schlaf
der jünger im garten gethsemane
in den schlaf
der sieben knaben zu ephesus
und wacht
plötzlich auf

im goldenen Zeitalter
der poesie harmonie und freiheit
oder
auf dem weg in den GULAG

aus dem Russischen von Andreas Weihe

Die Treppe

graues sauberes minsk
du schaust mit neuen kinderaugen
auf die stadt
              die dich leergetrunken hat
bis zur neige

warum verzeihst du ihr
warum läßt du sie gehn mit einem lächeln
diese letzten häuser im leben
ihre stirnen und schläfen
        diese schwarzen balken im hof
und die stricke
              und die bitteren fetzen der krähen

sie hat deine sonne verzehrt
deinen feueratem der erweckung
deinen schwülen mittag
und das sentimentale licht des abends

graues sauberes minsk
jetzt
  fang
    mich

aus dem Russischen von Andreas Weihe

* * *

alle aus der redaktion gingen
gingen die zeitung zu schreiben
die zeitung zu schreiben in den park
in den herbstlichen park in die baumstämme
in die baumstämme und die gruben des himmels
die parallelogramme des lichts
telegramme gingen ab
gingen ab in den herbstlichen wald
in den herbstlichen garten an sich
an sich zugluft und fäulnis
zugluft und fäulnis in die zeitung
in die zeitung gingen
                    gingen gingen
gingen alle aus der redaktion

aus dem Russischen von Andreas Weihe

***

Dem andenken Oleg Jankowskis

mein guter tag ich liebe dich so sehr
es werde tag mein tag mich trunken macht
mein atem du mein tag ich liebe dich
gesang mein tag mein tag mich trunken macht
oh atem tag und jungfrau tag und nacht
oh jungfrau tag und nacht und nacht und tag
die jungfrau tags und nachts mich trunken macht
es werde nacht ich liebe dich so sehr
oh jungfrau tag ich liebe dich so sehr
die jungfrau nacht um nacht mich trunken macht
und tag und nacht und atem tag und nacht
gesang des tags der nacht des tags der nacht
oh atem oh gesang die jungfrau tag und nacht
und denken nachts und tags ja nachts und tags
oh morgen tag und nacht mich trunken macht
oh abend nacht und tag wie lieb ich euch
mein guter tag ich liebe dich so sehr
es werde nacht die nacht mich trunken macht

aus dem Russischen von Andreas Weihe

* * *

in zwanzig jahren
gewöhnst du dich an die frau
zwanzig jahre lang
ist sie dieselbe
die
dich trunken gemacht hat
wie gott

in zwanzig jahrhunderten
gewöhnst du dich an gott
zwanzig jahrhunderte lang
ist er derselbe
der dich
trunken gemacht hat
wie die frau

aus dem Russischen von Andreas Weihe

Tourist

du ziehst in eine Stadt wie der Sieger ein,
bewertest fremde Frauen und
schaust dich auf dem Sklavenmarkt um,
besetzt Architekturdenkmäler und
probierst die Lebensweise eines Aristokraten
in den Restaurants und Hotels,
plünderst die Totenstille der Museen und
kratzt die Vergoldung der Gotteshäuser mit Fotoblitzen ab.
heimgekehrt, erzählst du Freunden
von deinen Heldentaten und den wilden Sitten
der fremden Herrscher.
mit der Zeit versinkt alles im Sand:
Souvenirs, Fotos, Geschwätz –
und du kannst dich weder auf den Ortsnamen noch auf
das Jahr besinnen. nur manchmal vor dem Einschlafen
kehrst du zu den Trümmern der von deinem Gedächtnis
ausgeraubten feindlichen Stadt zurück.

aus dem Russischen vom Autor

Buena Vista

die hochbetagte karibische Dame,
am linken Bein den Strumpf heruntergerollt,
so dass es scheint als würde sie hinken,
geht die Gaslaternen entlang,
setzt sich auf den Stuhlrand,
raucht an und schweigt.
und bloß die Krümmung des Himmels
lastet auf ihren sonnengebräunten Schultern.
die hochbetagte karibische Dame
raucht als ob sie auf Raten küsst.
der grauhaarige Gitarrist biegt exzessiv sein Handgelenk;
er ist heute betrunken wie nur Gott betrunken sein könnte.
der Gitarrist schleppt die Dame ab
wie üblich am Happy End.
die Kamera zoomt auf ein Schälchen
Zigarettenstummel, markiert mit rotem Lippenstift.

aus dem Russischen vom Autor

Freie Interpretation eines Abendessens

die Sonne überfliegt die Stadt
wie ein Tennisball den Spielplatz
und fällt als Fleck auf die grüne Tapete.
die Badewanne des Himmels füllt sich mit Wasser.
als ob das Gericht mit Trennung gewürzt wäre.
Zutaten: Kohl, Möhren, Fleisch, Zwiebel.
Regen kratzt am Fenster, reibt auf der Reibe
des Sonnenuntergangs rote Bete.
draußen ist 50 Grad Fahrenheit –
nicht zu heiß, nicht zu kalt. der Teller
leert sich wie Antalya nach der Hochsaison.
der Gast, bewaffnet mit Messer und Gabel,
lässt Zwiebelringe übrig.
der Türke fühlt sich im Laden eingeengt.
der Besucher schließt die Tür, die Sonne
erlischt wie Licht im Kühlschrank.
mit der Schürze um den Leib geht
der Janitschar zum Integrationskurs.

aus dem Russischen vom Autor

Immigrant

vor ca. 40 Tsd. Jahren kam
der Mensch nach Europa,
wo es schon Mammuts, Elche,
Bären, Neandertaler
und sonstige Nackte gab.
der Mensch überstand
glücklich die Eiszeit,
domestizierte Ziege und Wolf,
erfand Zeitung und Wodka.
da geht er mit dem Hund Gassi
und hält Ausschau nach neuen Feinden.

aus dem Russischen vom Autor

Minendetektor

hier war der Bauernhof meines Vorfahren.
hier hat er sein Haus gebaut.
hier wurde er von Rotarmisten mit Gewehren enteignet.
von hier aus ging er im Sommer '41 in die Rote Armee.
ich weiß nicht, ob er ein Gewehr bekam oder
ob er sich selbst im Kampf eine Waffe besorgen musste.
er war ein Jäger und irgendwo hier
vergrub er seine Büchsen und Flinten.
der Minendetektor piept vom verrosteten Metall,
als ob die ganze Erde von jenseitigen Dingen knattert.

aus dem Russischen vom Autor

Meine Deutschen

meine Deutschen bauten Straßen und Häuser,
schmiedeten Eisen, pflügten die Erde,
dienten dem Zaren, beteten zur Jungfrau Maria,
buken Brot, wanderten durch Sibirien,
lebten unter Tataren, Altgläubigen, Mordwinen,
verloren Augen, Substantive, Gräber,
küssten die Erde wieder und wieder
und gingen früh morgens heim aus dem Haus.

aus dem Russischen vom Autor

Mit dem Gewehrkolben

Zurücktun, alles an seinen Platz.
Zurücktun, genauso,
wie es war. Als wäre
gar nichts geschehen.
Nichts Schlimmes.

Von vorne beginnen.
Es wieder anpacken,
doch jetzt so,
dass ich nichts
in den Händen habe.
Nichts bei mir habe,
was ich noch zerbrechen könnte.
Nur meine Knochen sind noch übrig.

Wieder Anlauf nehmen.
Vielleicht.
Stück für Stück, aufmerksam.
Immer tiefer kriecht
der Krampf in meinem Bein,
gleich falle ich hin.

Ich habe Angst,
mir die Knochen zu brechen,
mir die Handgelenke
zu zertrümmern,
ich werde nicht wegrennen können,

...

oder wenn sie mich kriegen,
brechen andere
sie in Stücke.
Meine Zähne.
Mit dem Gewehrkolben können sie
meine Zähne auch einzeln ausschlagen.
In der Reihenfolge wie sie gewachsen sind.
Eine Perlenreihe.
Zacken einer Säge,
das werden sie.

Draufbeißen.
Wenn sie es sagen, muss man
fest auf den Gewehrkolben beißen.
Denn dann konzentriert
man sich auf den Kolben.
Umschließt ihn mit dem Mund,
drückt die Zähne fest zusammen
und vergisst vielleicht, sich zu fürchten.

Als wäre eine Zielscheibe
zwischen meinen Beinen.

Es wäre besser von hinten,
damit ich sie dabei
nicht sehen muss,
schön der Reihe nach,
einer nach dem andern.

/ ...

Lieber sollen sie mir
in den Nacken
keuchen,
das wird schon nicht
so schrecklich sein,
wie ihre Augen
zu sehen.
Sicher irre ich mich.

aus dem Ungarischen von Orsolya Kalász und Eva Zador

Jelena

(*Auszug*)

Am Anfang roch das Gas gut.
Stank süßlich, wie wenn
der Herd nicht zündet.
Da klackert man mit dem Feuerzeug
über dem Brenner, aber das Gas,
das durch die kleinen Löcher strömt,
löscht immer wieder die Flamme.
Und der süßliche Gestank
beißt in der Nase.
Schon seit siebenundvierzig Tagen war ich
alleine und wusste nicht, wo Goran war,
welchen Weibern er in seiner Uniform
gerade an die Schenkel grapschte.
Frauen stehen in Wahrheit
nicht auf Uniformen.
Bis sie sich dann die Fantasien
der Männer anhören,
die sich bekanntlich einbilden,
die Höschen der Frauen würden
vom bloßen Gedanken an Uniformen
so feucht, dass sie Löcher bekommen.
Mir haben es die Feuerwehrleute angetan,
so wie vielen andere Frauen auch,
denen als kleines Mädchen eingeflüstert wird
und die es nicht mehr aus dem Kopf kriegen,
dass Uniformen eine ähnlich
große Wirkung auf Frauen haben

...

wie jeder x-beliebige nackte Frauenkörper
auf jeden x-beliebigen Mann.
Vielleicht hätte ich nicht.
Vielleicht hätte ich nicht zulassen dürfen,
dass die Dinge in diesem langsamen,
selbstgerechten Rhythmus ihren Gang gehen.
Ich weiß noch, wie unser zweites Kind
geboren wurde: Goran gab dem damals
vierjährigen Joška Schnaps zu trinken.
Wir waren mit den Gästen in der Küche.
Das Kind stand auf dem Küchentisch
und wusste nicht, wohin es schauen,
wo es sich vor uns verstecken sollte.
Wir alle lachten und Goran fragte Joška
immer wieder, ob er denn nicht tanzen wolle,
wenn er ihm sein Lied singt.
Und das Kind stand einfach nur da
auf der Tischplatte, starrte
in das Gesicht seines Vaters,
um doch noch zu begreifen,
was der eigentlich von ihm wollte.
Goran aber
sagte immer wieder,
Joška solle endlich tanzen.
Dann gäbe es Zigaretten,
dann gäbe es Schnaps,
auf dem Tisch solle er tanzen:
sein Bruder sei doch geboren.
Das Kind sah mich an,
aber vergeblich, denn ich schaute

...

nur Goran zu, wie er ihm taumelnd
die Schnapsflasche an den Mund drückte,
damit es trank und endlich tanzte.
Das Kind aber hustete vom Birnenschnaps,
der ihm in der Kehle brannte,
so wie bei den unartigen Kindern,
die den Deckel vom Chlorreiniger
abschrauben und mit großen Schlucken
von der ätzenden Flüssigkeit trinken.
Mir war eigentlich schon immer klar, ja, tief
in meinem Innern wusste ich immer schon,
wenn ich so etwas in den Nachrichten hörte,
dass diese Kinder nicht dumm waren.
Sie wissen ganz genau, dass sie
mit jedem einzelnen Schluck
dem Tod und unseren Augen
ein Stuck näher kommen.

Ich weiß noch, wie wir Jovanka begruben.
Alle Erwachsenen starrten
mit glasigen Fischaugen
auf den kleinen, weißen Körper im Sarg.
Ganz steif lag er da,
mit geschlossenen Augen,
man konnte den Widerstand
dieses Körpers fast
auf der Handfläche spüren.
Seine Starre,
die es nicht mehr zuließ,
dass man diese kleinen Hände und Beine
noch einmal drehte oder beugte.

...

Die Menschen
schauten auf die kleine Tote,
als warteten sie darauf,
dass sie endlich etwas sagte,
erzählte, wie es im Jenseits ist,
was sie dort sieht,
wie es dort riecht,
wohin sie geraten ist,
während keiner auf sie geachtet hat.
Als könne der Mensch von all
seinen Schuldgefühlen
durch diese Aufmerksamkeit,
durch das Betrachten der Toten
erlöst werden,
als könne er vergessen
– wie das tote Kind selbst –,
dass es nie genügend
beachtet wurde,
vergeblich
hatte es geschrien,
hatte es getobt,
sich auf dem Boden gewälzt.
Ich weiß noch, bevor sie den Sarg verschlossen,
forderte ihre Mutter alle Umstehenden auf,
die Tote zu küssen.
Als sei es so einfach, ein totes Kind zu küssen.
Bei den Alten ist es doch anders,
der Kopf wird
mit einem Schleier bedeckt und
man hat das Gefühl,

...

es ist richtig, dass sie tot sind,
es könnte gar nicht anders sein.
Und die geschlossenen Augen,
ihre reglosen Gesichter
sind nicht so unheimlich wie
das vollkommen starre,
blass und hart gewordene Gesicht
eines toten Kindes.
Jovankas Mutter schob mich zu ihr hin,
ich solle sie küssen,
mich von ihr verabschieden.
Ich weiß noch, wie ich meine Augen schloss,
um nicht sehen zu müssen,
was mein Mund machte,
und so küsste ich
die kleine, tote Jovanka.
Als küsste ich ein gewölbtes
Stück Blech.
Mir drehte sich fast der Magen um,
ich schluckte all meine Angst
hinunter und ertrug es,
dass mein Mund immer kälter wurde.
Die kleine Tote aber
regte sich nicht.
Wer tot ist, den weckt kein Kuss,
dachte ich,
aber ihre Mutter schaute mich
so dankbar an.
Später, als sie den Sarg
schließen wollten, sah ich,

...

dass die Mutter ihr zuwinkte
und in den noch offenen Spalt rief:
Mach‘s gut!
Mach‘s gut!
Erst da begriff ich, es gab keinen Grund,
mir dankbar zu sein, ein Kuss kann
keine Toten wecken.
Jede Mutter verliert den Verstand,
wenn sie ihr Kind bei der Totenwache
im offenen Sarg
liegen sieht.
Doch vergeblich schließen sie
den Deckel des Sarges,
das Gesicht des toten Kindes
und diese schrecklichen
Stickereien an den Rändern
des Schleiers
kann man sowieso nicht vergessen.
Mit diesem letzten Bild vor Augen
schlafen sie ein,
wachen sie auf,
die Mütter,
wieder und wieder.
Denn vergeblich sterben die Kinder,
es ändert sich nichts.
Und im Herzen bleibt ein Riss
und in diesem Riss sammelt sich die Angst,
egal, wie viele Kinder wir auf die Welt bringen,
sie alle werden sterben.
Das sind die Mütter,

...

die dann das Haus anzünden
oder den Gashahn aufdrehen.
Am Ende schluckte Joška den Schnaps,
doch tanzen konnte er auch so nicht.
Er schaute mich an, aber ich tat,
als würde ich ihn nicht sehen.
Später rutschten die Geraden
seines Blicks ineinander,
scharf sah er nur noch so nah,
dass es sich nicht mehr lohnte.
Als er auf der runden Tischplatte
losmarschierte, stolperte er
über die eigenen kleinen Füße,
Goran klatschte in die Hände,
er glaubte, das Kind tanze endlich,
die Gäste schämten sich,
schauten gar nicht mehr hin,
sangen ihre Lieder.
Ich sah nur auf mein Neugeborenes,
es war mit der Brust im Mund eingeschlafen,
bei all dem Lärm und trotz
des taumelnden Tanzes,
als wäre es noch nicht
auf dieser Welt angekommen.
Es schlief nur, das Gesicht
ohne jede Regung,
ich aber hoffte insgeheim, dass ich
nie wieder einen Jungen bekäme und
dieses Kind keinen Schnaps trinken müsste.

aus dem Ungarischen von Orsolya Kalász und Eva Zador

Funken

Aus dem Fenster sehe ich Berge.
Ich warte darauf, dass die Sonne auf die Gipfel kriecht.
Im Dunkeln sehe ich oft, dass geschossen wird,
wie die Gewehre Funken sprühen.
Jeden Abend glitzern die Berge.
Mutter gibt mir eine Ohrfeige,
wenn ich nicht weggehe
vom Fenster.

aus dem Ungarischen von Orsolya Kalász und Eva Zador

Fensterglas

Fensterglas kann in winzige Stücke zerbrechen.
Ich finde die zerschossenen Scheiben
der Autos am schönsten.
Wenn die Sonne scheint, ist es,
als ob auf dem Gehweg
überall die Glasperlen
einer sehr langen,
zerrissenen Kette liegen.

Ich mag keine
blutigen Glasperlen.

Ich nehme die kleinen,
runden Glasscherben in die Hand,
dann in den Mund.
In Gedanken drohe ich meinem Vater,
sie alle auf einmal hinunterzuschlucken.
Auch ihn und Mutter,
die Stadt und die zerschossenen Scheiben
unseres Autos.

aus dem Ungarischen von Orsolya Kalász und Eva Zador

I. Vorwort

ein Schmetterling wiegt sich im Gras und
auf seine Weise beglückt er die bunte Welt
oder beunglückt er sie doch in Anbetracht
der Tatsache dass er von nirgendwo herflog

und sich auf einem Kleeblatt niederließ
von Blüte zu Blüte aber vor allem
bleibt er bis heute unenträtselt im
vierblättrigen Klee auch in Anbetracht

dessen dass ausschließlich Tatsachen zählen

aus dem Polnischen von Doreen Daume

IX. Visite

die haben Hände und Füße
und in den weißen Kitteln
führen sie das Dunkel an
selbst wenn sie niemand darum bittet

die ziehen die Sturmhauben tief
nach unten und sie machen die Visiten
sie gehen einer hinterm anderen
auch Schwester Jadwiga mit den dicken Titten

selbst wenn wir sie nicht darum bitten:
„die Oberschwester kann uns den Buckel runterrutschen
die Oberschwester kann uns an den vier
Buchstaben lecken wenn sie daherkommt

mit einer Handvoll Tabletten“

aus dem Polnischen von Doreen Daume

XVII.

noch immer bin ich ein kleiner Junge und kann nicht
fließend Polnisch sprechen aber du in mir
breitest dich schon aus auch außerhalb
des Zimmers in das ich nicht hineindarf

noch kann ich nicht gut Polnisch sprechen
und habe nicht die Leichtigkeit die Freude in mir wie du
wenn du mit der Faust drohend über den Hof
rennst „eure Hurenmütter piff-paff ich reiß euch

die Beine aus dem Arsch wenns drauf ankommt
und wenn das Innenministerium nicht spurt
verpfeif ich euch auch noch bei allen Oberämtern
zumindest aber beim Sicherheitsamt“

aus dem Polnischen von Doreen Daume

Lied des Hirtenbuben

zu mir kommen Menschen
die es heute nicht mehr gibt
es sein denn die Serotyński-Schwestern
zwei Weisenkinder aber eigentlich

drei da eine von ihnen
ein uneheliches Kind ins Haus
gebracht hat also ein Findelkind
drei Waisen aber eigentlich

vier denn dem Kind weisen wir
als Vater den verrückten Hirten zu
der bis heute singt: »als Hirtenbube
hütete ich viele Kühe

und jeder Tag begann in aller Frühe«

aus dem Polnischen von Doreen Daume

Lied aus Wołkowyja

in meiner Heimat zählte man sechshundert
Wölfe zweihundert Luchse und neunzig Bären
doch hat niemand je die Frage beantwortet wie viele
Poeten es gibt von denen jeder über einem Gedicht sitzt

irgendwo dort in weiter Ferne (bestimmt in der
Poesie) heulen die Wölfe in meiner Heimat
in meinem Wołkowyja gibt es mehr Poeten
als alle Raubtiere zusammen genommen

mit den Kritikern mit den Schandmäulern wahrlich
ich sage euch es gibt in meinem Wołkowyja
in meiner Heimat ebenso viele Poeten wie Bären
von denen jeder über einem Gedicht schwitzt

aus dem Polnischen von Doreen Daume

Luftballon

In den Kabinen der internationalen Züge
zweiter Klasse ertappe ich manchmal in den
verschmutzten kleinen Spiegeln mein Gesicht
fiebrige Haut
die Röte einer ständigen Scham
ein Luftballon
oder ein Kugelblitz.

aus dem Ungarischen von Zsuzsanna Gahse

Fünfgliedriges Engelsgeschlechtsteil

Ein Handschuh
vorsichtig berühre ich ihn mit meinem Stock drehe ihn um
Menschenhaut ist das nicht
und nicht das Leder edlen Wildes
obwohl vom Faltenwurf her ähnlich
ein Handschuh
nur einer und trotzdem find ich ihn nicht einsam
ein absolut verbrauchter feuchter Saffianhandschuh
oder ein zufällig herabgestürztes fünfgliedriges Engelsgeschlechtsteil
da der Wind jetzt ohnehin gerade in den Noten der Klassiker blättert.

aus dem Ungarischen von Zsuzsanna Gahse

Erst wollte er nicht spielen

Zwölf Stunden nach seiner Rückkehr
ist er aus bislang unbekannten Gründen
verschieden
Bonny der Weltraumaffe
erst wollte er nicht spielen
dann wollte er nichts fressen
schließlich wusste er selbst nicht was er nicht wollte.

aus dem Ungarischen von Zsuzsanna Gahse

Der Himmel ist abgewetzt

Der Himmel ist abgewetzt
Ich bohre das Blau mit fragendem Blick
Suche seit Langem nichts mehr
Die ganze Schwere an den Augenbrauen gesammelt
Streiche ich herum

übertragen aus dem Russischen von Sergej Tenjatnikow

Die Verkäuferin im Lebensmittelladen erwartet dich nicht

Die Verkäuferin im Lebensmittelladen erwartet dich nicht
Sie denkt, du bist verreist
Seit drei Tagen schaust du nicht vorbei, holst kein Brot

Der Nachbar im gegenüber liegenden Haus denkt genauso

Du wurdest seit einer Woche an der Tankstelle nicht gesehen
Die Kassiererin sagt: Er ist scheinbar seit Längerem unterwegs

Licht in deinem Fenster brennt seit mehreren Abenden nicht

Auf ihn muss man nicht warten
Er fand ein Obdach woanders

Sonnenstrahlen fallen auf die Stufen, die im Meer versinken
Dein Kaffee wird kalt neben einem sauberen Aschenbecher
Er vergaß uns, denkt die Barkeeperin

Und in deinem Treppenhaus lebt ein weißer Hund
Genauer gesagt eine Hündin, schmutzig-grau
Allein sie weiß Bescheid, dass du seit drei Tagen tot bist

übertragen aus dem Russischen von Sergej Tenjatnikow

Schickt mir keine langen Briefe

Schickt mir keine langen Briefe
In das Land, in dem die Sonne hinter den Bergen aufgeht
Der Postbote kommt nicht mehr
Hier wird wieder geschossen, nachts und bei Tage

Es reicht ein kurzes mit der Hand gewunkenes Hallo
Die Lippen zusammengekniffen, bis sie schneeweiß werden
Über uns schwebt immer noch Elend gleich dem Vogel
Mit schwarzen Flügeln, der den Frühling nicht mag

Ungeöffnete Umschläge mit Grüßen schmelzen
Flüsse schlafen gefärbt mit Trauertinte
In meinem Land ließ sich der Winter auf Dauer nieder
Hier sind bloß Kinder und Träume lieb

übertragen aus dem Russischen von Sergej Tenjatnikow

Sie mag die Kakerlaken nicht, die in seiner Wohnung leben, und er schlägt ihnen vor auszuziehen. Früher hat er sie gefüttert, lesen und schreiben gelehrt, nun sind sie leicht verwundert, doch sie ziehen alle weg, ohne Ausnahme.

Er geht durch die Wohnung, stößt hier und da Seufzer aus, die einem Hering sämtliche Därme herauszuziehen vermöchten. Er denkt, er würde sich nach ihr sehnen, doch es sind die Kakerlaken, die ihm fehlen. Intelligente Wesen, Individualisten mit einem großen Gefühl für die eigene Würde. Nicht irgendwelche Ameisen. Energisch und dynamisch. Es stimmt nicht, dass sie kaltblütig sind, trocken sind sie, wie Holzspänchen – Ehrenwort, rührt sie nur einmal an. Und sie sind der Dunkelheit verbunden – einer weisen, warmen Zeit.

aus dem Russischen von Robert Hodel

Das Rhinozeros des Albrecht Dürer

In den Augen von Dürers Rhinozeros
blitzt die ewige Krise Westeuropas aut
die Kinder ekeln sich vor seinem haarigen Kinn.
Es beißt nicht, sagt Dürer,
und die Gäste streicheln es.

Das Rhinozeros ist allein des Elefanten
Todfeind.
Der Elefant fürchtet sich vor dem Rhinozeros,
weil es, wenn sie einander begegnen,
ihn zwischen den Vorderbeinen angreift
und seinen Bauch aufschlitzt.
Während die Gedärme herausquellen,
setzt in der katholischen Kirche
der Zerfallsprozess ein.
Also hält Dürer sein Rhinozeros
auf einem 24x30 Zentimeter
großen Blatt Papier
In zwanzig-fünfundzwanzigtausend Exemplaren.

Jeder könnte
sein eigenes Rhinozeros haben,
denkt Dürer.
Jeder hat
sein eigenes Rhinozeros,
sagt das Rhinozeros,
und erscheint bis spät in die 1930er Jahre
in den deutschen Schulbüchern.

aus dem Ungarischen von Orsolya Kalász und Peter Holland

Come to Me

Ich fuhr mit einem Käsebrötchen zu dir. Es war schon zwei Uhr und alle waren müde, die Geschäfte waren geschlossen, aber in der Bar „I love you" gabs noch ein Käsebrötchen.

Ich fuhr das Käsebrötchen im Taxi zu dir, denn du lagst traurig und krank zuhause und hattest nichts Gutes zu essen da. Das Käsebrötchen war ein sehr teures Käsebrötchen, aber das war mir egal.

Ich saß im Taxi mit meinem kleinen zerdrückten „Eilavju", das schon fast kalt war. Aber ich kam nicht zuhause an. Ich kam dort an, wo alle fröhlich und überschwänglich waren – und hungrig. Ich trank etwas und sang, aber das Käsebrötchen, das hob ich auf.

Erst nach drei Tagen gab ich es dir und du warst so sauer, dass du es aufgegessen hast, ohne es ein einziges Mal anzuschauen. Wenn ich mutiger gewesen wäre, hätte ich gesagt: du weißt doch, dass ich dich liebe, du weißt doch, dass ich dich bewundere. Lass mich das doch nicht schon wieder sagen.

nach Interlinearversionen
aus dem Lettischen von Julija Boguna und Beata Paškevica
nachgedichtet von Claudia Gabler

space phobia

es gibt
weiße räume neben
dem fenster als
dein schlaf
über
meinen traum
erzählt
die lüge mit
den lila bemalten tüchern oder
die waschmaschine die sünden anderer
wäscht
es gibt räume für die
ich dich vorgestern
geliebt hätte
ich hätte meine
kraftlosigkeit in
das massengrab geworfen wo
du
die königin
bist
es gibt
weiße räume neben
dem fenster und
ich warte immer noch
auf dich

aus dem Rumänischen von Kerstin Ahlers

neoplasie

ich habe
dich geliebt wie eine
webseite von
yahoo.com in
der silvesternacht habe ich
dich mit
links und der erhitzten
maus g e l i e b t und mit
dem laufenden monitor die ganze
nacht habe ich dich
g e l i e b t
meine *kreditkarte*
ich habe dich geliebt
zwischen tasten und
an andrea
geschickten *e-mails* und
wohlduftenden krapfen
von
cornelia und
elenas *sandwiches*
ich habe dich g e l i e b t
und
ich habe die schlüssel
des apartments
verloren als
mich die gauner

...

über den
südplatz
jagten
so sehr
habe ich dich
geliebt

aus dem Rumänischen von Kerstin Ahlers

Verse auf eine Hündin

Manchmal, wenn ich
am Computer sitze und arbeite
meine Hündin auf den Knien –
da nehme ich sie am Bauch hoch ohne hinzusehen, drücke sie an mich
und sage zu ihr: Du dummes Huhn du.
Auch jetzt greife ich wieder zerstreut nach ihr, den Blick fest
auf den Bildschirm gerichtet,
drücke sie an mich
und sage zu ihr: Du dummes Huhn du
dann erst blicke ich auf:
Vor mir sind Schwänzchen und Po (sie hat wohl anders herum gelegen),
sie macht dabei keinen Mucks.
Ihr Köpfchen hängt nach unten.

Genau so greift Gott nach uns,
ohne zu verraten warum.

Mal sag ich mein Junge, mal Kätzchen zu meiner läufigen Hündin,
sie mag das nicht sehr, aber das spielt keine große Rolle:
denn eines Tages, da wird sie elf sein und ich achtundvierzig,
wenn ich einst noch lebe und sie ist schon tot (irgendwann einmal).

Doch noch bist du bei mir und zum ersten Mal läufig,
ich folge dir mit einem weißen Laken – breite es aus, wo ich nur kann.
Apropos: Das Blut einer Hündin ist
ganz zu Anfang fein wie Weizenschrot,
dann aber tiefrot und zäh wie eine zertretene Traube.

/ ...

… Nebenbei bemerkt: Das Entsetzen von uns Männern angesichts
der Periode, der Schwäche der Frauen – ihrer blutigen Angelegenheiten
ist höchst amüsant anzusehen: Ich trage meine arme Kleine,
wie einen angeschossenen Schwan, einen bei Austerlitz Erschlagenen …
sie aber, mit hängendem Kopf, den Blick auf meine Stiefel gerichtet,
wirkt verschlagen, töricht, schwarz und, wer weiß warum, konfus.
– Na mein Kätzchen, sage ich, wie lang willst du mich noch
an der Nase herumführen? Meine besten Jeans vollbluten, die Gedichte besudeln
mit deinem idiotischen, eisenhaltigen Opferblut? –
Sie aber seufzt nur schwer – und schon kapituliere ich.

Denn sie ist für mich
die letzte Liebe meines Lebens.

Und die letzte Liebe, sie muss doch so sein.
Einmal (drei Monate war sie wohl alt) da jaulte
sie auf im Schlaf, bellte aufgeregt, als jagte
sie einen himmlischen Bernhardiner, groß wie eine Wolke.

Da dachte ich: Gleich zerstiebt meine Kleine zu Staub,
und nie wird sie mir erzählen können, was
das für eine fröhliche Hatz durch den Himmel war
und weshalb dieses Jaulen bei der himmlischen Jagd.

Alles, was der Mensch im Schlaf so murmelt, was er sieht, singt –
davon vermag er danach in den Worten zu erzählen, die so üblich sind.
Genau so erschien einst einer Nonne jener Eine in gleißendem Licht,
in ein mittelalterliches Wams gekleidet und nicht nackt wie eine Lilie.

/ …

Daher sagte ich heute Morgen, als ich deinen ersten Schnee sah
zu dir: Komm, mein Junge, lass uns nach draußen spazieren gehn.
Aber meinen Jungen schmerzte der Anblick dieser blendenden Welt.
Und so liefst du hinter mir her. Wie ein Komma, so schwarz.

Meist nenn ich sie Tschunja, doch in ihren Papieren steht: Schosefina
(die Eltern: Laima Dachshund und Tauro Braun von der Grünen Stadt),
daher sag ich immer wieder zu ihr: Taurowna
haben beliebt in die Diele zu pinkeln, na was sagt man denn dazu?

... Mal ehrlich: Von all dem fremdem Sterben, dem Leiden, den Abschieden,
hab ich seit langem genug – ich fühle mich völlig ausgehöhlt.
Deshalb möcht ich leben mit Tschunja
in einem grünen, verschneiten Städtchen, stetig wie Schneeschmelze.

Und wenn der Tod sie einst wirklich mitnimmt wie der Wind
Zum großen Trocknen davonträgt wie ein winziges Spielzeug:
Den albernen kleinen Körper, die kühlen, langen Ohren,
das scheue Herzchen und das Bäuchlein glühend und bloß –

dann leg ich mich schlafen (zum ersten Mal ohne dich)
und mir wird träumen: von einer Straße in tristem Licht,
von mächtigem Gebell und einsamem Gejaul
und Gottes riesigem, listigem Maul,
wie ein himmlischer Bernhardiner gebeugt über mich.

aus dem Russischen von Petruscha Huber

Ich werd welken, werd traurig sein,
suchen den Weg,
ta-tá-ta, tá-ta, ta-ta-tá
und du – flieg weg.

Verse für niemanden

Als ich nach zehnjähriger Pause
die ersten Verse geschrieben hatte,
machte ich mich gleich ans Putzen der Küche.
Das war eine Befreiung:
„Ich brauche nichts."
All diese Tage schien es mir,
als würde ich krank.
Ich hüllte mich in Jacken,
es schien mir,
als hätte ich einen Infekt oder bekäme Angina.
(Covid hatte ich da schon hinter mir
und ich wurde überwacht –
ohne jeden Grund hatte man mir
das fünffache Bußgeld ausgestellt.)
Als ich vier Tage später das Gedicht geschrieben hatte,
war auch der Schüttelfrost vorbei.
Ich ging in die Küche
und fing an, Spüle und Wände zu putzen,
sämtliche schwer zugänglichen Stellen
(allzu gut hab ich gewiss nicht geputzt,
obwohl ich zu putzen verstehe, beharrlich bin).

Genauso werden Gedichte geschrieben:
Du brauchst Beharrlichkeit und Tränen,
am besten auch einen Verlust,

...

das Gefühl eines Neuanfangs
(zumindest beim ersten Gedicht ist das so).
Dir kommt es vor, als sei dein Leben zu Ende,
fange ganz von neuem an.
Du schreibst und weinst
und sagst: ich komm nicht zurück, ich komm nicht
zurück, wir kommen nicht zurück.

Dann aber ist all das nicht mehr wichtig.

Denn jetzt ist es da, dein erstes Gedicht,
liegt auf zusammengefaltetem Papier,
nach alter Manier beschrieben,
dann gleich in den Computer getippt,
da die Zeichen so leichter zu lesen sind.

Und dann ordnest du die Zeichen an –
Und sagst: ich hab gar nicht das geschrieben,
hab gar nicht dich geschrieben.
Dort steht ja schon mehr
davon, was du gedacht hast,
worüber du geweint hast,
weshalb du gezittert hast.

Da ist es ja, das erste Gedicht eines befreiten Menschen –
von Liebe,
von Scham,
von Tränen,
von Mitleid
und Bedauern.
Und da ist auch gleich das zweite.

aus dem Russischen von Petruscha Huber

Das ganze 1997

Brich einen Vers auf und du siehst,
wie wenig Menschliches in ihm ist

1.
Als ich den Verstand nicht verlor,
nur mein Gefühl vergrämte
(es kam dir selbst so vor,
wie du näher kamst, immer näher),
lernte ich glücklich zu sein,
auf Luft und Bäume zu achten,
doch plötzlich traf mich furchtbare Pein:
ich werde nie mehr dreißig,
nie mehr neunundzwanzig sein.

Mai 1997

aus dem Russischen von Robert Hodel

Werde ich's denn wirklich
nie wagen
(aber wer eigentlich
kann mir hier etwas verbieten,
doch nicht etwa ihr, meine Geschätzten,
doch nicht etwa ihr) –

einzugestehen:

nun, es gab sie in meinem Leben, es gab sie,
diese Anfälle des Glücks,
diese Säulen aus Staub und Sonne
(alle haben mit mir eine Weile
im goldigen Staub gestanden),

und alle, die mich liebten,
und alle, die mich nicht liebten,
und nie geliebt haben –
sind fortgegangen.

aus dem Russischen von Robert Hodel

Die leere Grapefruit

Das Werk der Fäulnis konnte
ich einfach nicht verstehen.
Auf dem Heizkörper lag die halbe
Grapefruit, leer, trocken und hart. Schon
gut so. Ich habe sie mit Wasser gefüllt –
dann trocknete sie wieder. In Ordnung.
Doch das zweite Mal weich geworden,
verlor sie die Form und war schwarz
gebrannt. Stinkend löste sie sich auf,
ihre Gegenwart war der elende
Geruch im Zimmer. Wenn ich mal
fortging, lief das Wasser aus.
Unter der Heizung schimmelte
der Kunststoffboden. Im Rundfunk
gab es unentwegt Nachrichten.
Die Veränderungen, damals
schon zum Greifen nahe,
verschwanden nicht mit der
Grapefruit, als ich sie fortwarf.

aus dem Ungarischen von Zsuszanna Gahse

Avocado

Als wir an der Rialtobrücke
eine Avocado aßen, dachte ich,
Avocados wären nun für immer
widerlich. Eine Echse, von einem Spatz
gejagt, huschte mir unter die Schuhe.
Du hast entschieden, dass ich dich liebe,
und sagtest mir, wo wir leben würden.
Ich folgte dir, als ging es um eine Wette,
als liefe ich dem Geld nach, das
mir nie gehört hat. Der Spatz
wartete noch sekundenlang.

Zuhause schmeckte mir im Salat
die Avocado, dich aber fand ich
widerlich, das hast du so entschieden.
Ich sah dich zerfallen, hob die
Stücke auf, warf sie an die leere Stelle,
die du selbst warst. Zähneknirschend
sprachst du mit mir, dachtest, ich würde
die französische Konversation über
deinen Liebhaber nicht verstehen.
Es gibt keine Sprache, in der das nicht
verständlich wäre. Trotzdem warst du es,
die das Messer zückte. Ich schnitzte nur
einen Würfel aus dem Avocadokern.

aus dem Ungarischen von Zsuszanna Gahse

Gespräch beim Abendessen

Endlich verstand ich, dass ich gemeint war.
Das plötzliche Lachen, die Geschichte
von den Bergen mit weiblichen Formen. Jetzt
hätte ich mit dem Meer und seiner männlichen
Form aufwarten müssen, mit einer Spinne,

die ich über den Schnee laufen sah. Ob
ich ihr Atelier sehen möchte? Sie hat
ein Auto bald ganz auseinander montiert,
die einzelnen Stücke malt sie jetzt an, mit
Gold und Silber, darauf zeichnet sie gotische

Muster. An den Fingern, im Nagelbett
hockt noch die Farbe, die sie letzte Woche
verschüttet hat. Es gibt Leute,
die man nicht versteht, und die
man auch nie verstehen wird.

aus dem Ungarischen von Zsuszanna Gahse

Unterricht im Lesen

Man sollte nur lebende Dichter
lesen. Die toten vergessen,
und zwar sofort. Ab in den Müll

mit den besten Gedichten. Der
Tod des Dichters ist ein Verrat.
Schneckenhäuser sind seine

Gedichte, man muss sie zertreten.
Kaputte Konserven, man muss sie
öffnen und mit der Wut eines

Selbstmörders rasch verschlingen.
Und am besten, man schreibt nichts,
dann ist man unsterblich.

aus dem Ungarischen von Zsuszanna Gahse

nächste Seite: aus dem Ungarischen von Zsuszanna Gahse

Klagen eines Mannes

Wenn man kein Mann sein müsste,
wäre es sicher besser. Schon der
Männergeruch widert mich an. Aber
eine Frau möchte ich erst recht nicht
sein, und ich genieße die Männerrolle,
nur will ich sie nicht ständig spielen.
Zwischendurch will ich mal was
ablegen können, auf einen Haken
hängen, neben Mantel, Schal und Mütze.
Wenn man bloß kein Mann sein müsste,
selbst in den Träumen oder unter
der Dusche, wenn es nicht so störend
wäre, ein halber Mensch zu sein,
und wäre ich doch nicht gerade von
den Frauen so abhängig, als hätten
sie mich alle im eigenen Leib einen
Tag lang ausgetragen und mich
gemeinsam geboren. Oder
keine von ihnen, sie fanden mich
am Wegrand, obwohl sie nicht an
den Storch glauben. Wenn man kein
Mann sein müsste, aber eine andere
Möglichkeit gibt es nicht. Niemand ist
ein Stein, ein Tisch, niemand eine
Zeitung. Die werfe ich weg, sie fliegt
davon, fällt zu Boden. Ich hebe sie auf,
was sie durchaus duldet, ich lese sie
weiter, wickle meine dreckigen Schuhe
ins Papier. Auch das ist in Ordnung.
Es ist unmöglich, ein Mann zu sein.

Seminar über Staatsführung

Zuerst säe Korn
es ist wichtig, dass das Volk nicht Hungers stirbt,
es ist auch wichtig, dass es nicht satt ist,
wer wird sonst auf den Feldern arbeiten,
in den Steinbrüchen und auf dem Bau?
Danach baue Nachtclubs und Casinos,
zum Amüsieren,
und um das Verdiente zu verschwenden.
Fordere: Liebet und vermehret euch,
für den Aufschwung wird Arbeitskraft gebraucht,
sowie auch eine reguläre Armee,
um Grenzen zu schützen
und bei günstiger Gelegenheit zu expandieren.
Vergiss nicht Kirchen zu bauen,
das Volk in Angst und Schrecken
gefügig zu halten
und jeglichen Widerstand im Keim zu ersticken,
Liebe zur Arbeit zu predigen,
Enthaltsamkeit in Ernährung und Liebe,
um Menschen zu vermählen und ihren Bund zu segnen
und Rückzug und Einsamkeit zu verdammen,
weil der einsame Mensch nachdenkt und daraus kein
Nutzen erwächst, sondern nur Gefahr.
Zu diesem Zwecke achte auf die Bildung,
Menschen muss man von früher Kindheit an verblöden lassen.
Der Wissenschaft stelle Geld zur Verfügung,
sprich über die Bedeutung der Kultur,
aber Schriftsteller, Maler
und derlei Abschaum verhätschele nicht,
kaufe sie ein mit Auszeichnungen, einer Flasche Selbstgebranntem,
einem winzigen Ruhmesblatt,

...

mit dem Versprechen, im Pantheon
eine Grabstelle zu gewähren.
Clowns, Gauner,
Menschen mit komischem Aussehen
und speziell jene, die das Talent haben,
schön zu reden und nichts zu sagen,
treibe zur Opposition,
damit sie das Volk amüsieren
und Hoffnungen nicht erfüllen.
Sei du dir selbst Opposition,
sprich von der Demokratie, den
Menschenrechten, der Meinungs- und Gewissensfreiheit.
Wickele Großmächte um den Finger
und verschulde dich mit Immobilien,
und wenn endlich Stabilität aufkommt,
dann ist die richtige Zeit zum Krieg,
um die nur durch Schatzkammer zu ersetzen und eigene
Taschen leicht zu füllen.
Die Intelligenz treibe zu Demos,
lass sie patriotische Reden halten,
um Rache für den Tod der Urgroßväter aufzufrischen,
nationale Würde wachzurütteln.
Lass die Kirche Mörder heiligsprechen, predige
»Bewusstes Sterben ist Unsterblichkeit«,
»Tod oder Freiheit« und ähnliche Dinge.
Im Fernsehen zeige Kriegsfilme
mit blutigen Gewaltszenen.
Bedenke, der Krieg ist für den Staat
wie der Trickfilm für das Kind
und »PLAYBOY« für den pickligen Jugendlichen.
Ohne dies hat dieses dumme Spiel sonst
keinen Sinn.

aus dem Armenischen von Agapi Mkrtchian und Helmuth R. Malonek

Die Träume einer Mutter

wenn ich fleisch abließe
wenn ich mich zum fleisch legte
wenn ich vom fleisch aufstünde
wenn ich ins fleisch eintauchte

wenn vierzig jahre vergingen
wenn es klein bliebe
wenn es an mich glauben würde
wenn es sich an mir sättigen würde

wenn es von seinem traum aufwachen würde
wenn es an meine brust sich pressen würde
wenn es von mir fliegen würde
wenn es auf mir landen würde

wenn ich in seinem kopf eingepflanzt wäre
wenn ich in seiner nase duften würde
wenn ich seinen griff halten könnte
wenn ich seine lust brechen könnte

aus dem Türkischen von Özlem Özgül Dündar

Eppur si muove

im traum operierte man mich zu einem italiener
ober- und unterkörper änderten sie mir vollständig
kameras hatten sie auf mich gerichtet
als ob von den infusionsbeuteln grappa in meine adern fließen würde
ich sagte eppur si muove zu den fernsehleuten
mein erbe sei dem italienischen staat gewidmet
hieß es daraufhin in den zeitungen
ich küsste meine chirurgen auf die wangen
scherzte mit den schwestern
und sie lachten
ich hatte es nicht mehr in mir aufrichtig oder eifrig zu sein
sie sei nicht von meiner seite gegangen bis ich aufgewacht sei
als kleine kinder seien wir waisen geworden
wir stiegen auf unsere vespa und fuhren weg vom krankenhaus
das salz konnten wir bereits in unseren nasenlöchern riechen
als wir den italienischen hang hinunterfuhren

aus dem Türkischen von Özlem Özgül Dündar

Elefantenzuchthäuser

elefantenzuchthäuser sollen zuchthäuser sein
wir wissen nicht wie wir aus uns herausgehen
und von dort auf uns selber schauen
in kriegen töten sie nicht nur menschen
sie schänden frauen
seitengewehre stecken sie in ihre gebärmütter
zünden streichhölzer in ihnen an
im fernsehen treten gynäkologische mechaniker auf
ich kotze beim schreiben
du kotzt beim lesen
außerhalb des menschlichen
sind solche dinge
wir können nicht mit lust angeln gehen
wir können nicht mit genuss kebap essen
wie viele jahre ist es her
dass der vatikan die inka als menschen anerkannt hat
wir ernähren uns ungesund

aus dem Türkischen von Özlem Özgül Dündar

Bizarr

an tagen die wendepunkte markieren wirst du sehen
wie die erde zwischen deinen beinen
schlagartig sich teilen wird in der mitte
du brauchst dich nicht zu wundern
wenn deine geschwister auf der einen seite
und deine freunde auf der anderen seite stehen
verlier dann nicht den verstand
überspringe keinen vers von rimbaud

aus dem Türkischen von Özlem Özgül Dündar

Junge Männer

von der mutter geschädigt vom vater geschädigt
der einzige trost sind die in paris durch die luft fliegenden fliesen
die vom soldaten abservierten großen reformmärsche
in manchen köpfen ›verfremdungseffekt‹
mancher träumt die leichenwäscher auf video zu kriegen
sie haben viel durchgemacht viel getrunken ihre mägen durchlöchert
ihr inneres haben sie aufgefressen ihre lieben haben sie zerschnitten
sie haben gas gerochen sind vom balkon gesprungen
tabletten geschluckt sich vom gesims gehängt
wie viele haben wir verloren von unseren freunden
die staatliche bildung reichte nicht um das leben zu bewältigen
ihr anstand hat es ihnen nicht erlaubt mit knüppeln anzugreifen
wie sehr haben wir versucht vorzutäuschen dass wir nicht an ihnen hängen
die dicklichen engel die auf ihren schultern über sie hergezogen sind
sie gingen noch bevor sie lernten was prostatageschwüre sind

aus dem Türkischen von Özlem Özgül Dündar

Staatliche Bildung

frikadelle paradies hund kreis gesäß anmut
also geschichte geografie und literatur
woher seid ihr mir jetzt nur eingefallen
während wir uns im korridor des erdgeschosses einfanden
um der reihe nach prügel einzustecken
zur kaimauer rannten wir mit roten ohren
warfen steine auf quallen
mit der ganzen wut die sich in uns angesammelt hatte
wir zeigten einander unsere schwänze
von den zahlen zogen wir einunddreißig
entleerten uns auf dem staubigen fußbodenholz
wie weit weg waren wir von der welt der mädchen
nur wer im theaterclub war kam rein
ins märchenhafte notre dame de sion
gerade nach dem masturbieren haben wir nicht selten die
nationalhymne aufgesagt
so haben wir die staatliche bildung verinnerlicht

aus dem Türkischen von Özlem Özgül Dündar

La révolution du language poétique

ich will eine andere sprache als die türkische
um gedichte zu schreiben
so elegant wie englisch
so stolz wie französisch
mehr musicale als italienisch
mehr erotiki als griechisch
so weich wie persisch
so durchmischt wie arabisch
mit den feinheiten des mongolischen ausgestattet
so liebreizend wie ungarisch
seine h's raffinierter als im kurdischen
seine weichen g's genau wie im armenischen
seine vokale germanischer herkunft
seine Konsonanten niederländischer abstammung
besser als sanskrit
in bezug auf lange und kurze silben
mit schimpfworten aus dem lateinischen
mit begriffen aus dem lasischen entwendet
ein winziges bisschen proto-turkic
ein härchen old icelandic
mit leichterer grammatik als die des japanischen
sein alphabet aus dem chinesischen abgekratzt
wenn ich diese sprache nicht finden kann
sind alle meine mühen umsonst gewesen

aus dem Türkischen von Özlem Özgül Dündar

Komm-so-wie-du-bist-Party

die frauen kämen aus fyskos
im licht des mondes einteilig und zweiteilig
in der bucht von saranda das vergnügen brust zu schwimmen
das mädchen, das seine Haare nicht zeigen möchte
trinkt tee auf dem pier
die frauen sprechen von unten zu ihr
los, spring auch, sei nicht so schüchtern
das ist die komm-so-wie-du-bist-party

aus dem Türkischen von Özlem Özgül Dündar

Saure Zeit

was ist ein Gedicht schon anderes
als sich hinzulegen und mit der eigenen Behaarung zu spielen
ob es angebracht ist oder nicht ist eine andere Sache
ich glaube nicht an die Herrschaft der Wörter
die fallen wie ein Vorschlaghammer auf mich herab
und nun Gedichtliebhaber was wirst du tun
du bist nicht so hell und schön wie Italien
für einen Hauch Bedeutungslosigkeit bist du zu haben
an dich habe ich keine Kunst zu verkaufen
ich schaudere mit dem Schaudern der aus brutalen Waisenhäusern
geholten Knaben
von Frauen deren Gebärmutter ausgebrannt und deren Köpfe
getrimmt wurden
mit den kränklichen tapferen Frauen
und wenn mich dieser ganze Rationalismus blutverschmiert
zurückgelassen hat
laufe ich hinter einem anderen Rationalismus her
erschöpfe meine Liebe in einer guten Tat
Lyrik soll es also sein hier hast du Lyra und ique
Fotzenmassaker und Schwanzmassaker blutiger Tick
Panik germanik turkik
passt dir das unschuldiger Leser stolzer Leser
der weint wenn man Auschwitz sagt
der schnarcht wenn man Dair az-Zur sagt
doppelgesichtiger trotteliger Fleischfresser
ich bin für solche Pakte nicht zu haben
wenn ich mich in die Enge getrieben fühle finde ich ein klares Wasser
und stecke meinen Kopf hinein

...

pardon jetzt kriege ich die Krise
die Lähmung ist da der Überdruss ist da die Widerwärtigkeit ist da
– Reklame: l'oreal plénitude hydrafresh
diese Crème bin ich wert –
so stehe ich da
auch meine Vergangenheit ist voll Geröll
ich habe schon das Loblied auf einen toten Führer gesungen
ein wenig Eifersucht und ein wenig Dankbarkeit reicht mir
ich lebe nun in der sauren Zeit
auch dieses Gedicht bleibt zerstückelt
die Geschichte ist ein Fleischwolf
präsentiert für die Netzhaut des fresslustigen Lesers

nach Interlinearversionen
aus dem Türkischen von Şebnem Bahadir und Dilek Dizdar
nachgedichtet von Joachim Sartorius

So ein Gedicht wirst du niemals schreiben

In einem Gedicht wird dir niemals gelingen
was Bresson in seinem Film gelungen ist
niemals wirst du ein Wort finden
für den Ausdruck im Auge des Esels
der dem Blick eines Zirkuselefanten begegnet
für das Empfinden der Kreatur
werden dir immer die Worte fehlen
angenommen in einer Sphäre jenseits der Zeit
existierten die Salznonnen wirklich nicht nur als Idee
ihrer selbst in einem Moment der Selbstvergessenheit
konnten sie sagen was soll das sein
ein Gedicht ohne Menschen
mich macht es traurig
Feuchtschnauzen
Tiere am Boden und in der Luft
Flossen- und Schalengetier
keine Ahnung wie du das siehst Turgut Uyar
natürlich gibt es die Poesie
aber sie hat ihre Grenzen

nach Interlinearversionen
aus dem Türkischen von Şebnem Bahadir und Dilek Dizdar
nachgedichtet von Sabine Küchler

Alashya, mein kleines Streichholzmädchen

Einst hatten wir eine kleine Tochter
Alashya, war das ihr Name?
Mit ihren kleinen Füßen saß sie auf unserem Bett

Unser Haus war mein Traumland
Du warst darin ein dummer Einwanderer
der für sich ein seltsames Land beanspruchte
Haschich rauchend, Winde erbrechend

Später dann sprachen wir nicht miteinander
hatten jegliche Sprache vergessen
in unserer stammelnden Leidenschaft

Ich hatte einst ein rotes Kleid
Ich würde deinen Raum betreten
sehen dass du in dein geheimes Land gewandert wärst
der zerbrechliche Teil von mir würde
an deiner Statur zerbrechen

Wir hatten eine kleine Tochter
die verbarg einen Marienkäfer in ihrer Hand
ein Kaninchen in ihrem Herzen

Die nackten Engel des Harems
würden dich mitnehmen
in den Kosmos des Liebemachens

/ ...

Deine Worte waren Peitschen
die meine Seele schlugen
Ich konnte dein geheimes Alphabet nicht entziffern
das von anderen Frauen phantasierte

Wenn ich dir meine Wunden zeigen wollte
hast du meinen Mund bedeckt
um nicht meine innere Stimme zu hören

Ich wusste manchmal dass es ein Traum war
noch hatten wir eine kleine Tochter
die Vogelsprache sprach

Ich würde frei von Qualen sein
als du dich angestrengt hast, um mich lachen zu machen

Manchmal lachte ich während ich weinte
und ich wusste, du würdest nicht gehen
weil wir eine kleine Tochter hatten
die aus Mandelpaste gemacht war

Dann würde der Postbote kommen
und eine lustige Verpackung bringen
darin wäre mein Seelenbrief
der dich verrückt macht

Du hast meine Briefe auf den Boden geworfen
das Gift der verärgerten Wörter
würde sich in meinem Körper ausbreiten

/ ...

Mit ihren niedlichen Füßen würde sie kommen
und unsere Hände verbinden
wir hatten eine kleine Tochter
mit flehenden Augen

Du konntest das nicht aushalten
du bist weggerannt
unser kleines Mädchen
rannte dir mit nackten Füßen hinterher

Damals waren wir in meinem Traumland
Wir passten in eine Streichholzschachtel
unsere kleine Tochter verbrannte uns, um es warm zu haben

Du bist mit der letzten Flamme ausgegangen
Alashya hat ihre Flügel ausgebreitet und ist davongeflogen
Ich verdorrte mit der Einsamkeit

Wir hatten eine kleine Teenytochter
Ein Glaubenwollen

aus dem Türkischen von Sabine Schiffner

Wenn ich sterbe

Wenn ich sterbe
will ich in einer Blume blühen
in der sie mich begraben

Wenn ich sterbe werde ich am meisten Angst vor dem Dunklen haben
ich wünschte ich könnte zum Himmel hochfliegen

zwischen Blumen über Blumen
Wenn ich sterbe möchte ich in Gedichten erblühen
in den Herzen der Menschen

Wenn ich sterbe
möchte ich in dem verbotenen Garten begraben werden
der hinter der Grenze liegt

Wenn ich sterbe
werde ich so tun als wenn es nicht so wäre
damit du nicht traurig sein musst

aus dem Türkischen von Sabine Schiffner

A

Alarm: / alles vergessen vergiss [...] – *Mila Haugová* **161**
Alarm: / innen drin ist ein Tier [...] – *Mila Haugová* **162**
Alarm VII: ein Garten voller Erwartung [...] – *Mila Haugová* **163**
Alashya, mein kleines Streichholzmädchen – *Nese Yasin* **380**
Aldeburgh – *Ewa Lipska* **221**
*** alle aus der redaktion – *Dmitri Strozew* **315**
Als ich liebte, dachte ich, dass ich klein bin – *Eka Kewanischwili* **184**
Ankunft – *Klára Hůrková* **167**
Archäologie 1994 – *Mariusz Grzebalski* **141**
Armee greift an – *Rodica Draghincescu* **109**
* auch wenn wir uns nicht mehr begegnen – *Dmitri Strozew* **307**
Auf meiner Brust – *Artur Becker* **64**
Aus dem Leben und der Poesie – *Metin Cengiz* **88**
Ausgrabung – *Ruxandra Niculescu* **245**
Aussage, die ich in betrunkenem Zustand [...] – *Marko Pogačar* **263**
Aussicht vom Hinterhof beim Jud' – *Mariusz Grzebalski* **143**
Avocado – *István Vörös* **363**

B

B... – *Olessja Bessmeltseva* **66**
Bäume – *Irma Shiolashvili* **305**
Begrabt mich nicht zu tief – *Milan Hrabal* **165**
Bei den Laistrygonen – *Denisa Comănescu* **104**
Bildungsroman mit Ende – *Georgi Gospodinov* **139**
Bizarr – *Izzet Yasar* **372**
blues – *Claudiu Komartin* **189**

Blutkreislauf – *Wjatscheslaw Kuprijanow* 207
Bring mich zurück in die Heimat – *Gëzim Hajdari* 150
Buena Vista – *Sergej Tenjatnikow* 319
Bukarest Sfantul Georghe Nou – *Ilma Rakusa* 274
Bulgarien! Bulgarien! – *Georgi Gospodinov* 134
Bunker – *Kornélia Deres* 107

C

C… – *Olessja Bessmeltseva* 69
Cobalt – *Claudiu Komartin* 191
Come to me – *Kārlis Vērdiņš* 350

D

Das Blut – *Nika Jorjaneli* 174
Das ganze 1997 – *Dmitri Wodennikow* 360
Das Licht, etwas das kommt – *Marko Pogačar* 262
Das Rhinozeros des Albrecht Dürer – *Ádám Vajna* 349
Das Täubchen – *Erik Ondrejička* 252
Das Wiegenlied für das Buch – *Alexander Kabanow* 179
Dein verführerischer Tod – *Gëzim Hajdari* 151
der blinde boxer – *Marianna Georgieva* 127
Der Dämon des Wandels für den Wandel – *Ivan Blatný* 73
*** der dichter – *Dmitri Strozew* 313
Der Himmel ist abgewetzt – *Richard Tschkadua* 345
der Kleber hält nicht … – *Semjon Hanin* 154
Der Kreis – *Bela Chekurishvili* 94
Der Leib – *Jovan Nikolić* 247
Der Mantel – *Gleb Schulpjakow* 291
Der Nebel in der Seele – *Micho Mossulischwili* 239
Der Neujahrsbaum auf dem Manegnaja-Platz – *Gleb Schulpjakow* 293
Der Schmerz Nummer siebzehn – *Waleri Semskich* 300
Der Sinn zu töten – *Wjatscheslaw Kuprijanow* 208

Der Traum vom Haus – *Jovan Nikolić* **246**
Die Brille – *Ilma Rakusa* **271**
Die Eisenbahnjungs – *Luljeta Lleshanaku* **224**
Die Fliegen – *Rodica Draghincescu* **111**
Die Frau Dichterin – *Rodica Draghincescu* **113**
Die Godot – *Rodica Draghincescu* **114**
die große frage – *Milena Marković* **236**
Die Kaptol-Chronik – *Marko Pogačar* **264**
Die leere Grapefruit – *István Vörös* **362**
Die Nase – *Anja Golob* **131**
*** Die neueste Meinungsumfrage besagt: – *Dmitri Kusmin* **209**
Die Physikerin. Eine Nacht – *Horst Samson* **285**
Die Tatsache – *Zvonko Maković* **26**
Die Toten – *Maia Sarishvili* **289**
Die Träume meiner Mutter – *Izzet Yasar* **369**
Die Treppe – *Dmitri Strozew* **314**
Die Übertragung – *Justyna Bargielska* **53**
Die Verkäuferin im Lebensmittelladen erwartet [...] – *Richard Tschkadua* **346**
Die Wirklichkeit der Nacht – *Nika Jorjaneli* **173**
die young and leave a good-looking corpse – *Faruk Šehić* **297**
* die zukunft steigt – *Dmitri Strozew* **308**
Dir laß ich alles – *Amanda Aizpuriete* **43**
Dörflein im Tale – *Michal Habaj* **147**
Du arbeitest an dir – *Ivana Bodrožić Simić* **83**
du musst nicht glauben, dass das ein Obdachloser ist ... – *Semjon Hanin* **155**
Durch den Wald – *Artur Becker* **63**
Düsterhelle Jahre – *Eduard Harenz* **156**

E

*** Ein Gedicht – *Nschan Abasjan* **39**
Ein nachmittag auf dem Karlsplatz – *Claudiu Komartin* **193**
Ein Wintertag zu Hause – *Petr Borkovec* **84**

Ein Wintertag – *Petr Borkovec* **87**
Eine Bulle im Majorsrang – *Danila Dawydow* **105**
Eine Insel – *Wjatscheslaw Kuprijanow* **203**
Eine Straße ohne Schilder – *Aleksej Bobrovnikov* **78**
Einmal, als Eka Kewanishwili – *Eka Kewanischwili* **182**
Elefantenzuchthäuser – *Izzet Yasar* **371**
Elftausend Meter – *Tomica Bajsić* **46**
Endlich einsam – *Artur Becker* **60**
Eppur si muove – *Izzet Yasar* **370**
Er biss die Zähne zusammen – *Jegor Letow* **215**
Er erblickte die Sonne – *Jegor Letow* **216**
Er schaut sie an und denkt – *Jelena Fanajlowa* **117**
Erst wollte er nicht spielen – *Ottó Tolnai* **344**
Erzieherische Brutalitäten – *Rodica Draghincescu* **110**
Es hat gar keinen Krieg gegeben – *Bela Chekurishvili* **99**
es wurde ziemlich lang überlegt, schließlich [...] – *Semjon Hanin* **153**
* * * Etwas ist eingeritzt geblieben – *Miodrag Pavlović* **255**
eurasien – *Marianna Georgieva* **126**

F

Facebook-Post – *Alexander Kabanow* **176**
Familiengeschichten sind voller Löcher – *Sylva Fischerová* **123**
*** Fenster ohne Fähnchen – *Milan Hrabal* **166**
Fenster zum Licht – *Bela Chekurishvili* **98**
Fensterglas – *Anna Terék* **335**
Freie Interpretation eines Abendessens – *Sergej Tenjatnikow* **321**
Fremde Rose – *Justyna Bargielska* **54**
Frühling – *Stefan Ivanov* **168**
Fünfgliedriges Engelsgeschlechtsteil – *Ottó Tolnai* **343**
* * * Für Grundlagenforschung – *Miodrag Pavlović* **256**
Funken – *Anna Terék* **334**

G

Gefühle, Semmeln eingeweicht in Milch – *Sylva Fischerová* **121**
Gelübde – *Jovan Nikolić* **248**
gemälde eines holländischen meisters – *Marianna Georgieva* **128**
Georgs Versuch an einem Gedicht – *Jan Faktor* **115**
geschichte, saft, salami – *Milena Marković* **232**
Gespräch beim Abendessen – *István Vörös* **230**
Gespräch mit Charles Simic – *Luljeta Lleshanaku* **364**
gib mir gib mir – *Milena Marković* **238**
Gibst immer noch alles auf den letzten hundert Metern – *Daniel Bănulescu* **51**
Girl – *Georgi Gospodinov* **136**
„Going underground" – *Márió Z. Nemes* **240**
Goldenes Zeitalter – *Zvonko Maković* **228**
Golem – *Tomaž Šalamun* **284**

H

H.C. Andersen Boulevard 50, klassisch – *Marko Pogačar* **260**
heiter – *Milena Marković* **234**
Helft mir! – *Tomaž Šalamun* **283**
herzog – *Milena Marković* **235**
Hotel Donau – *Ivana Bodrožić Simić* **82**

I

ich habe alte Männer gern – *Jan Faktor* **116**
Ich lebte einst in den Emiraten – *Nikolai Jakimtschuk* **170**
ich liebe jene stadt – *Claudiu Komartin* **190**
Ich werkte auf dem Schwimmbagger – *Boris Ryzhy* **277**
Ich will – *Stefan Ivanov* **169**
Im Dorf – *Gleb Schulpjakow* **290**
*** Im Sommer – *Nschan Abasjan* **41**
Immigrant – *Sergej Tenjatnikow* **321**
* in den supermärkten – *Dmitri Strozew* **309**

In der Nacht zum Samstag – *Gleb Schulpjakow* **292**
In der Sophienkirche in Ochrid – *Ioan Flora* **125**
*** in zwanzig jahren – *Dmitri Strozew* **317**

J

James Bond hatte recht und nicht recht – *Anja Golob* **132**
Jelena (Auszug) – *Anna Terék* **327**
Junge Männer – *Izzet Yasar* **373**

K

Kampf um das Lebenselixier – *Artem Harutjunjan* **158**
Kevert – *Sándor Attila Pál* **254**
Kitsch – *Tomaž Šalamun* **279**
Klagen eines Mannes – *István Vörös* **366**
Klang der Epoche – *Alexander Kabanow* **178**
Knarze nicht! Knarze nicht! – *Tomaž Šalamun* **278**
Küsse und Türen – *Jovan Nikolić* **249**
Komm-so-wie-du-bist-Party – *Izzet Yasar* **376**
Kopf und Beil – *Artur Becker* **62**

L

La civilisation et moi – *Traian Pop Traian* **266**
La révolution du language poétique – *Izzet Yasar* **375**
Laùra – *Georgi Gospodinov* **137**
Lebewohl, meine Heimat – *Gëzim Hajdari* **152**
Leicht und rätselhaft leben – *Nikolai Jakimtschuk* **171**
Leopardi sah den Rauch von Ithaka – *Ivan Blatný* **71**
Liebchen – *Anna Gulczyńska* **146**
Liebe – *Ivan Blatný* **76**
Lied aus Wołkowyja – *Eugeniusz Tkaczyszyn-Dycki* **341**
Lied des Hirtenbuben – *Eugeniusz Tkaczyszyn-Dycki* **340**
liedvoll, deutschzyno moja – *Dagmara Kraus* **200**

Luftballon – *Ottó Tolnai* **342**

M

Mehr als nur ein Gesicht [...] – *Aleksej Bobrovnikov* **80**
Mein Bett ist mir zu eng – *Miodrag Pavlović* **257**
*** mein guter tag – *Dmitri Strozew* **316**
Mein Lamm – *Gonca Özmen* **250**
Meine afghanischen Mädchen – *Irma Shiolashvili* **304**
Meine Deutschen – *Sergej Tenjatnikow* **323**
Meine Mutter ist mein Kind – *Lia Likokeli* **223**
Meine Mutter liest Lyrik – *Georgi Gospodinov* **138**
Minendetektor – *Sergej Tenjatnikow* **322**
Minority – *Ivan Blatný* **74**
Mit Bündeln Tierfell – *Amanda Aizpuriete* **42**
Mit dem Gewehrkolben – *Anna Terék* **324**
Moderne Lyrik – *Wjatscheslaw Kuprijanow* **210**
Morgenkaffee – *Senem Gökel* **130**

N

*** Nach den Lianen greifen [...] – *Richárd Fekete* **119**
Nachruf – *Horst Samson* **286**
Nachts im Naturkundemuseum – *Tomica Bajsić* **47**
neoplasie – *Gelu Vlaşin* **352**
Nichts – *Alexander Kabanow* **177**
Nietzsche und wir – *Mariusz Grzebalski* **140**
Nur in der einsamkeit – *Claudiu Komartin* **187**

O

Odessa, klaffende Lücken – *Ilma Rakusa* **273**
Odyssee – *Eduard Harenz* **157**
Oktober – *Irma Shiolashvili* **302**

P

Paul Celan – *Ilya Kaminsky* 180
pension – *Milena Marković* 237
Pillepalle-Lied – *Dmitri Strozew* 312
poem – *Claudiu Komartin* 188
Predestination – *Ivan Blatný* 77

R

Rache – *Anna Gulczyńska* 144
regen, unbeseelte worte […] – *Claudiu Komartin* 186
Rinderwahnsinn – *Traian Pop Traian* 267
rom – *Marianna Georgieva* 129

S

Saure Zeit – *Izzet Yasar* 377
Schickt mir keine langen Briefe – *Richard Tschkadua* 347
Schlachthof – *Mariusz Grzebalski* 142
*** Schön bist du, mein Geliebter – *Dmitri Kusmin* 211
Schwingungen der Leere – *Nika Jorjaneli* 172
Scifi-Szenario – *Ruxandra Niculescu* 243
Sechs Raben und sechsundzwanzig Wölfe – *Ioan Flora* 124
*** Selbst wenn – *Maia Sarishvili* 287
Seminar über Staatsführung – *Arpi Woskajan* 367
Show, Show … – *Wjatscheslaw Kuprijanow* 204
Sie mag die Kakerlaken nicht – *Alexander Ulanow* 348
Sie zünden die Lichter an – *Ivan Blatný* 75
So ein Gedicht wirst du niemals schreiben – *Izzet Yasar* 379
*** sollte es einmal passieren – *Milan Hrabal* 164
Sonntag im März – *Ilma Rakusa* 275
Sozialer Rang – *Bela Chekurishvili* 101
space phobia – *Gelu Vlaşin* 351
Sprache 280

1/1/73 – *Tomaž Šalamun* **281**
Staatliche Bildung – *Izzet Yasar* **374**
Staatliche Diätologie – *Andrei Sen-Senkow* **301**
Stilgelegte Eisenbahn – *Jegor Letow* **218**
Stipendiaten der Zeit – *Ewa Lipska* **223**
süße Tage – *Milena Marković* **233**
Szene aus einer Wasservogeljagd – *Petr Borkovec* **86**

T

Tadeusz' Honig – *Artur Becker* **59**
Tanzen in Odessa – *Ilya Kaminsky* **181**
Tourist – *Sergej Tenjatnikow* **318**
Traurige Ehefrau – *Zsuzsa Rakovszky* **268**
Triptychon – *Zsuzsa Rakovszky* **269**
Tumbleweed – *Anna Gulczyńska* **149**
Tauschen würde ich gerne – *Miodrag Pavlović* **258**

U

Unser Computer – *Ewa Lipska* **222**
Unterricht im Lesen – *István Vörös* **365**
Urartu – *Jacek Dehnel* **106**

V

Verse auf eine Hündin – *Dmitri Wodennikow* **355**
Verse für niemanden – *Dmitri Wodennikow* **358**
Von morgen an begegnen wir uns im Baum – *Daniel Bănulescu* **48**
volч if me spika – *Dagmara Kraus* **199**

W

Wahlen in Donezk 2014 – *Jelena Fanajlowa* **118**
Was bete ich an? – *Jegor Letow* **217**
Was machst du in jener – *Amanda Aizpuriete* **44**

*** Was sagen die Nonnen – *Miodrag Pavlović* **259**
Weltdrehung – *Ruxandra Niculescu* **244**
Wenn ich sterbe – *Nese Yasin* **383**
Wenn Frauen singen – *Bela Chekurishvili* **102**
Werde ich's denn wirklich – *Dmitri Wodennikow* **361**
wie ich kurz anhielt, als ich über den Markale ging – *Faruk Šehić* **299**
Wieder beginnen Gedichte – *Amanda Aizpuriete* **45**
Wir, die Apfelbäume – *Bela Chekurishvili* **92**
* wir haben mit ukrainern gesprochen – *Dmitri Strozew* **310**
*** wir stritten darüber – *Dmitri Strozew* **311**
Wofür ich lebe – *Artur Becker* **65**
Wunde – *Gonca Özmen* **251**

X Y Z

Zhaina – *Andrzej Kopacki* **194**
Ziegelsteine – *Bela Chekurishvili* **96**
Zwischen Wasserjungfern – *Petr Borkovec* **85**

Ä Ö Ü

Übungen – *Zvonko Maković* **231**

* auch wenn wir uns nicht mehr begegnen – *Dmitri Strozew* **307**
* die zukunft steigt – *Dmitri Strozew* **308**
* in den supermärkten – *Dmitri Strozew* **309**
* wir haben mit ukrainern gesprochen – *Dmitri Strozew* **310**
*** alle aus der redaktion – *Dmitri Strozew* **315**
*** der dichter – *Dmitri Strozew* **313**
*** Die neueste Meinungsumfrage besagt: – *Dmitri Kusmin* **209**
*** Ein Gedicht – *Nschan Abasjan* **39**
*** Etwas ist eingeritzt geblieben – *Miodrag Pavlović* **255**
*** Fenster ohne Fähnchen – *Milan Hrabal* **166**
*** Für Grundlagenforschung – *Miodrag Pavlović* **256**

*** Im Sommer – *Nschan Abasjan* **41**
*** in zwanzig jahren – *Dmitri Strozew* **317**
*** mein guter tag – *Dmitri Strozew* **316**
*** Nach den Lianen greifen ... – *Richárd Fekete* **119**
*** Schön bist du, mein Geliebter – *Dmitri Kusmin* **211**
*** Selbst wenn – *Maia Sarishvili* **287**
*** sollte es einmal passieren – *Milan Hrabal* **164**
*** Tauschen würde ich gern – *Miodrag Pavlović* **258**
*** Was sagen die Nonnen – *Miodrag Pavlović* **259**
*** wir stritten darüber – *Dmitri Strozew* **311**

Zahlen
1 – *Dagmara Kraus* **195**
1. September 1939 – *Boris Bartfeld* **55**
I. Vorwort – *Eugeniusz Tkaczyszyn-Dycki* **337**
6 – *Dagmara Kraus* **196**
6. – *Liāna Langa* **213**
IX. VISITE – *Eugeniusz Tkaczyszyn-Dycki* **338**
11 – *Dagmara Kraus* **197**
12 – *Dagmara Kraus* **198**
XVII. – *Eugeniusz Tkaczyszyn-Dycki* **339**
10 000 November – *Michal Habaj* **148**

ABCHASIEN
Richard Tschkadua **345**

ALBANIEN
Gëzim Hajdari **150**
Luljeta Lleshanaku **224**

ARMENIEN
Nschan Abasjan **39**
Eduard Harenz **156**
Artem Harutjunjan **158**
Arpi Woskajan **367**

BELARUS
Dmitri Strozew **307**

BOSNIEN UND HERZEGOWINA
Faruk Šehić **297**

BULGARIEN
Georgi Gospodinov **134**
Stefan Ivanov **168**

GEORGIEN
Bela Chekurishvili **02**
Nika Jorjaneli **172**
Eka Kewanischwili **182**
Lia Likokeli **219**
Micho Mossulischwili **239**
Maia Sarishvili **287**
Irma Shiolashvili **302**

KROATIEN
Tomica Bajsić **46**
Ivana Bodrožić Simić **82**
Zvonko Maković **228**
Marko Pogačar **260**

LETTLAND
Amanda Aizpuriete **42**
Semjon Hanin **153**
Liāna Langa **213**
Kārlis Vērdiņš **350**

POLEN
Justyna Bargielska **53**
Artur Becker **59**
Jacek Dehnel **106**
Mariusz Grzebalski **140**
Anna Gulczyńska **144**
Andrzej Kopacki **194**
Dagmara Kraus **195**
Ewa Lipska **221**
Eugeniusz Tkaczyszyn-Dycki **337**

RUMÄNIEN
Daniel Bănulescu **48**
Denisa Comănescu **104**
Rodica Draghincescu **109**
Ioan Flora **124**
Claudiu Komartin **186**
Ruxandra Niculescu **241**
Traian Pop Traian **266**
Horst Samson **285**
Gelu Vlaşin **351**

RUSSLAND
Boris Bartfeld **55**
Olessja Bessmeltseva **66**
Danila Dawydow **105**
Jelena Fanajlowa **117**
Marianna Georgieva **126**
Nikolai Jakimtschuk **170**
Wjatscheslaw Kuprijanow **203**
Dmitri Kusmin **209**
Jegor Letow **215**
Boris Ryzhy **277**
Gleb Schulpjakow **290**
Waleri Semskich **300**
Sergej Tenjatnikow **318**
Alexander Ulanow **348**
Dmitri *Wodennikow* **355**

SERBIEN
Milena Marković **232**
Jovan Nicolić **246**
Miodrag Pavlović **255**
Anna Terék **324**
Ottó Tolnai **342**

SLOWAKEI
Michal Habaj **147**
Erik Ondrejička **252**
Ilma Rakusa **271**

SLOWENIEN
Anja Golob **131**
Tomaž Šalamun **278**

TADSCHIKISTAN
Andrei Sen-Senkow **301**

TSCHECHIEN
Ivan Blatný **71**
Petr Borkovec **84**
Jan Faktor **115**
Sylva Fischerová **121**
Milan Hrabal **164**
Klára Hůrková **167**

TÜRKEI
Metin Cengiz **88**
Gonca Özmen **250**
Izzet Yasar **369**

UKRAINE
Aleksej Bobrovnikov **78**
Alexander Kabanow **176**

UNGARN
Kornélia Deres **107**
Richárd Fekete **119**
Mila Haugová **161**
Márió Z. Nemes **240**
Sándor Attila Pál **254**
Zsuzsa Rakovszky **268**
Ádám Vajna **349**
István Vörös **362**

ZYPERN
Senem Gökel **130**
Nese Yasin **380**

Wenn Ihnen dieser Band gefällt, werden Ihnen auch einige andere Lyrik-Bände meines Verlagsprogramms interessieren:

Hudith Hennemann hat bei uns inzwischen drei Gedicht-Bände. Dies war zunäcsht ihr Debüt „Bauplan für etwas anderes«, der bei der Kritik und im Buchhandel außerordentlich gut angekommen war. Dem folgte idie Gedichte „all die goldenen Hunde" nach. Jüngst ist ihr dritter Band „nicht warten auf King Tide" erschienen.

Martin Westenberger hatte 2020 seinen ersten Gedicht-Band unter dem Titel „das mega-festival" in meinem Programm. Inzwischen ist von ihm ein weiterer Band mit Gedichten herausgekommen: „Beim Streicheln der Endgeräte". Ralf-Rainer Rygulla notierte: „Martin Westenbergers Gedichte sind skelettierte Erzählungen, die den Leser mit einem erschrockenen und einem grinsenden Auge ratlos machen. Und dann, beim Auflachen, wird man unsicher, ob das angemessen ist."

Dirk Hülstrunk war zunächst mit einem von Hand fadengehfteten Bändchen unserer 16er-Reihe präsent: „den fehler wiederholen" zeigte eine Mischung aus seinen performativen Bühnentexten und konkreter Poesie. Dies hat er in dem Projekt „plötzlicher Nebel" fortgesetzt, in dem er Gedichte in den plötzlich so wichtigen Kategorisierungen einer Pandemie zusammenfasste.

Wolfgang Haak war

Michael Wäser ist zwar

Esther Mohnweg war

Ana Martins Marques war

Viele andere Dichterinnen und Dichter finden Sie auf unserer Verlagswebsite

www.dielmann-verlag.de